Geschichten aus dem Bücherturm

1. Auflage 2018

© 2018 Carlsen Verlag GmbH, Völckersstraße 14–20, 22765 Hamburg

Alle deutschen Rechte vorbehalten

Texte: Ursel Scheffler

Illustrationen: Dorothea Ackroyd

Gestaltung und Herstellung: Derya Yildirim, Sara Trieglaff

ISBN: 978-3-551-51043-3

www.carlsen.de

Ursel Scheffler | Dorothea Ackroyd

Geschichten aus dem Bücherturm

Inhalt

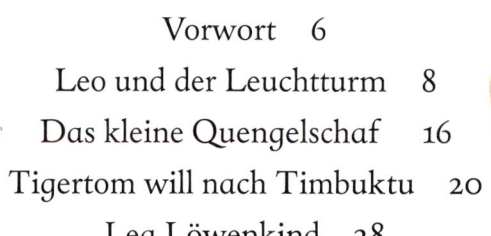

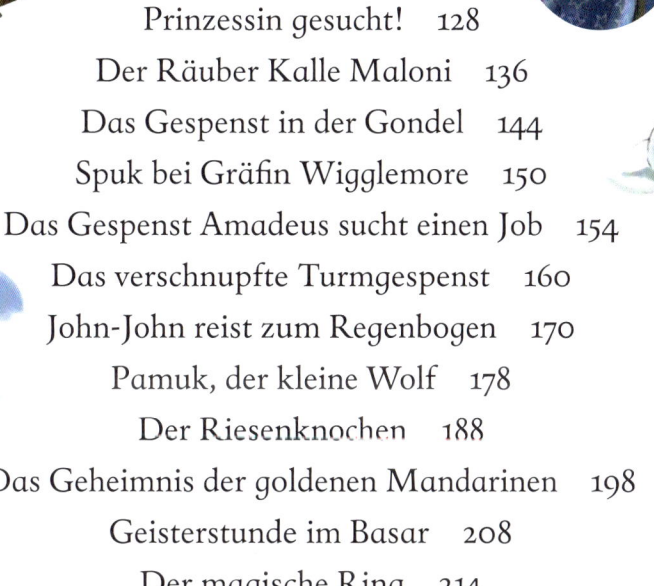

Vorwort

Willkommen im Bücherturm!

Jede Menge Kinderbücher stapeln sich in der Turmstube des Leuchtturmwärters Jo Hansen. Als Leo in den Ferien diesen Bücherschatz entdeckt, ist er begeistert, aber auch ein bisschen traurig, dass er noch nicht selbst lesen kann, weil er erst nach den Ferien in die Schule kommt.

»Vor dem Lesen kommt das Vorlesen!«, tröstet ihn Jo und beginnt Buch um Buch aufzuschlagen und die Leseabenteuer lebendig werden zu lassen. Gemeinsam tauchen sie ein in Geschichten über Ritter, Drachen, Löwen, Tiger, Piraten, Gespenster, Räuber oder Prinzessinnen und vieles andere. Und Leo hört begeistert zu. Genau wie das Mädchen Selina, der Hund Puschkin, die Katze Kleopatra und sogar erwachsene Gäste und Angestellte des Inselhotels, die sich nach und nach dem Zuhörerkreis anschließen.

Es sind laute, leise, liebe, freche, märchenhafte oder total verrückte Geschichten. Für jeden ist etwas dabei. Sprachspielereien und unbekannte Wörter werden durch Erklären und Nachfragen auch von Vorschulkindern schnell verstanden.

Mit jeder Geschichte erweitert sich der Horizont, genauso wie wenn man auf einen Turm klettert. Das erkennt auch Leo dort oben beim ersten Ausblick von Jos ›Bücherturm‹.

Und als besonderen Anreiz, sich durch alle Geschichten zu schmökern, dürfen die kleinen Zuhörer nach jeder Geschichte den passenden Motivsticker auf das beiliegende Turmposter kleben. Stufe um Stufe, Geschichte um Geschichte wächst so ihr persönlicher Bücherturm und wird bunter.

Buchdeckel aufschlagen, das heißt Türen öffnen zur grenzenlosen Welt der Fantasie. Die wunderbaren Bilder von Dorothea Ackroyd verleihen diesen Bücherturm-Geschichten federleichte Flügel. Also: Blättern Sie schnell um!

Viel Freude bei gemeinsamen Leseabenteuern wünscht Ihnen zu Hause oder beim Vorlesen in der Bücherei, Schule und Vorschule

Ihre Ursel Scheffler

Büchertürme »live«
In vielen Städten unseres Landes werden gerade mit Begeisterung virtuelle »Büchertürme« erlesen. Informationen dazu erhalten Sie bei *info@büchertürme.de* oder auf der Webseite *www.büchertürme.de*

Leo und der Leuchtturm

Leo reist in den Ferien zum ersten Mal mit seiner Mama ans Meer. Er sieht aus dem Zugfenster. Draußen wird die Landschaft immer flacher. Felder, Wiesen, ein Kanal. Aber immer noch kein Meer!

»Wann sind wir endlich da, Mama?«, fragt Leo immer wieder.

»Bald!«, antwortet seine Mutter.

Aber ›bald‹ kann ziemlich lange dauern, wenn man ungeduldig ist.

Endlich hält der Zug an der Hafenmole. Dort wartet schon das Fährschiff, das sie auf die Insel bringt. Mit dem Taxi fahren die beiden anschließend vom Hafen zum Hotel. Es heißt *Zum Lotsenhaus* und liegt direkt am Strandweg.

»Endlich!«, seufzt Leo erleichtert, als der Taxifahrer die Koffer vor dem Hoteleingang auslädt. Die Wirtin erwartet sie schon. Sie heißt Birte Jansen, trägt weiße Jeans und einen blauen Pullover. Ihre Augen sind so blau wie der friesische Himmel und ihre Haare leuchten wie der Strandweizen im Herbst.

»Herzlich willkommen!«, ruft sie fröhlich und führt ihre Gäste ins Haus. Dann nimmt sie den Schlüssel, an dem ein Leuchtturm aus Holz hängt, und bringt Leo und seine Mutter in ihr Zimmer im ersten Stock.

»Die ist nett, Mama!«, flüstert Leo, während sie die Treppe hochsteigen. Leos Bett ist in die Wandschräge eingebaut wie die Koje auf einem Schiff.

»Cool!«, findet Leo. Er läuft ans Fenster.

»Mama, darf man da raufklettern?« Er deutet auf den rot-weißen Leuchtturm, den er auf der Klippe entdeckt hat. Leo klettert für sein Leben gern auf Türme!

»Keine Ahnung«, sagt Mama. »Vielleicht weiß das Frau Jansen?«

»Normalerweise darf man da nicht rauf«, antwortet die Wirtin. »Aber ich kann ja mal meinen großen Bruder Jonas fragen. Der ist Leuchtturmwärter. Meist trinkt er um diese Zeit einen Pott Kaffee bei mir. Wartet mal: Da kommt er ja!« Sie sieht aus dem Fenster und deutet auf einen Mann mit Bart und Seemannsmütze, der gerade sein Rad an den Gartenzaun lehnt.

»Komm, Leo«, sagt Birte Jansen. »Wir fragen ihn einfach.« Sie laufen die Treppe hinunter in die Gaststube.

»Du kommst wie gerufen, Jo«, sagt Birte Jansen zu ihrem Bruder. »Der junge Mann möchte gern mal auf den Leuchtturm. Kannst du da was machen?«

»Moin, moin«, brummt der Leuchtturmwärter, was so viel wie *Guten Tag* heißt, und streckt seine große Hand zum Gruß aus.

»Ich bin Jo und wer bist du?«, fragt er Leo.

»Ich bin Leo«, antwortet Leo, »und das ist meine Mama.«

»Soso. Und du willst mit deiner Mama auf meinen Leuchtturm?«

»Ich nicht«, widerspricht Leos Mama. Sie deutet lächelnd auf ihren Babybauch. »Wir erwarten in ein paar Wochen Leos kleine Schwester und da fällt mir das Treppensteigen nicht mehr so leicht.«

»Verstehe ich total. Ich komme ja auch bei den vielen Stufen manchmal ins Schnaufen«, sagt der Leuchtturmwärter verständnisvoll. »Aber der junge Mann schafft das locker.«

»Das heißt, ich darf?«, ruft Leo begeistert. Der Leuchtturmwärter nickt. Leo springt auf und will gleich losstürmen.

»Immer langsam mit den jungen Pferden«, brummt Jo. »Erst brauche ich meinen Kaffee und ein Stück von Birtes berühmtem Apfelkuchen!«

Warum müssen Erwachsene immer Kaffee trinken?, denkt Leo. Und warum dauert das so lange?

Endlich ist es so weit.

»Komm, Sportsfreund«, sagt Jo und klopft Leo aufmunternd auf die Schulter. »Gehen wir!« Sie laufen los. Leo immer drei Schritte voraus.

Auf halbem Weg zur Leuchtturmklippe bleibt Leo stehen und bestaunt den Turm. Immer höher scheint er zu werden, je näher man hinkommt.

Jo scheint seine Gedanken zu erraten und brummt: »Ganz schön hoch, mein Turm, oder? Und ganz schön mühsam, da hinaufzuklettern. Es sind 197 Stufen.«

»Ich kann sogar schon bis 199 zählen«, bemerkt Leo stolz.

»Klasse! Dann kannst du ja noch weiter bis in die Wolken steigen«, sagt Jo und lacht. »Wenn wir oben sind, gibt es eine Belohnung: die herrliche Aussicht!«

»Kannst du von da oben aus die ganze Welt sehen?«, fragt Leo.

»Bis zum Horizont«, versichert Jo. »So weit das Auge reicht.«

»Jeden Tag da rauf, ist das nicht sehr anstrengend?«

»Anfangs schon«, gesteht Jo. »Aber es ist wie mit vielen Dingen im Leben: Übung macht den Meister.«

»Musst du da oben immer das große Licht für die Schiffe anmachen?«

Der Leuchtturmwärter lacht. »Du meinst das Leuchtfeuer? Das steuert längst ein Computer. Ich muss nur ab und zu nach dem Rechten sehen. Denn auf Computer kann man sich auch nicht immer verlassen.«

»Das hat Papa gestern auch gesagt, als der Akku in seinem Reader alle war.«

»Was ist ein Reader?«, fragt Jo, während er hinter Leo die kleine Anhöhe zum Turm hochstapft.

»Ein kleiner Tablet-Computer, auf dem man Bücher lesen kann«, erklärt Leo. »E-Books!«

»Soso. E-Books. Ich lese lieber richtige Bücher. Ganze Büchertürme habe ich da oben liegen. Vor allem Kinderbücher. Aus denen habe ich früher im Kinderfunk beim Inselradio Geschichten vorgelesen. Leuchtturmgeschichten. Als es die Sendung nicht mehr gab, kamen die Kinder zu mir zum Leuchtturm und ich habe hier gelesen. Daher hat mein Leuchtturm den Spitznamen Bücherturm bekommen.«

»Der Leuchtturm ist ein Bücherturm?«, staunt Leo. »Das klingt spannend!«

»Bei echten Büchern ist der Akku nämlich nie alle«, sagt Jo und lacht. »Soll ich dir welche ausleihen?«

»Ich kann noch nicht richtig lesen«, antwortet Leo verlegen. »Ich komme erst im September in die Schule.«

»Dann lass dir eben vorlesen«, rät der Leuchtturmwärter. »Das Selberlesen lernst du dann schnell. Beim Lesen ist es ähnlich wie bei den Leuchtturmtreppen. Je mehr du trainiert hast, Stufe um Stufe, Buch um Buch, desto leichter fällt es dir. Und am Ende gibt es eine großartige Belohnung: Du kannst durch die Bücher in die ganze Welt hinaussehen.«

»Weiter als bis zum Horizont?«

»Viel weiter«, antwortet Jo.

»Kannst du von da oben auch Piratenschiffe sehen?«, fragt Leo.

»Früher konnte man das. Heutzutage kommen zum Glück keine Seeräuber mehr hier vorbei«, sagt Jo. »Aber in meinen Büchern kannst du auf Piratenschiffen fahren oder mit Mondraketen reisen. Du kannst andere Länder und andere Menschen kennenlernen. Du kannst dich in einen Löwen oder in ein Gespenst verwandeln ...«

Jetzt stehen sie direkt vor dem Turm. Jo schließt die kleine, rote Tür auf, hinter der sich eine steile Treppe nach oben windet.

Leo drängelt sich ungeduldig an Jo vorbei und stürmt die ersten Stufen hinauf. Auf halber Höhe bleibt Jo einen Augenblick stehen, um zu verschnaufen. »Wir haben erst knapp die Hälfte!«, ruft er Leo nach. »Es sind noch fast 100 Stufen.«

Aber Leo ist nicht zu bremsen. Ungeduldig wartet er oben vor der verschlossenen Turmstube. Endlich kommt Jo mit dem Schlüssel.

»Boah!«, ruft Leo, während er die Aussicht durch die Fenster der Turmstube bestaunt. »Das ist wirklich toll!«

Das Fährschiff und die Segelboote sehen ganz winzig aus. Auch die Häuser am Strand. »Wie Spielsachen«, findet Leo.

Jo gibt ihm sein Fernglas. Jetzt kann Leo das Hotel *Zum Lotsenhaus* erkennen und Mama, die unten steht und winkt. Als er sich umdreht, entdeckt er die vielen Bücherstapel, die an der Wand lehnen. »Mann, das sind ja fast so viele Bücher, wie dein Turm hoch ist!«

»Da könntest du recht haben«, überlegt Jo. »Das müsste man mal nachmessen.«

»Sag mal ...«, beginnt Leo. »Könntest du mir nicht ein paar von den Turmgeschichten vorlesen?«

»Warum nicht?«, brummt Jo.

»Gleich heute?«, fragt Leo.

»Abgemacht. Aber erst heute Abend. Jetzt muss ich mich um meine Deichschafe kümmern!«

»Schäfchenzählen?«, fragt Leo und lacht. »Das mache ich immer, wenn ich nicht einschlafen kann.«

»Genau«, sagt Jo und schmunzelt. »Aber ich darf dabei nicht einschlafen.«

»Das sieht gut aus!«, sagt Leo und wählt das dickste Buch von allen. Es sind Tiergeschichten.

»Wir nehmen es mit nach unten«, sagt Jo und klemmt sich das Buch unter den Arm. »Heute Abend setzen wir uns zum Vorlesen lieber auf die Bank vor dem Lotsenhaus. Dann müssen wir nicht wieder 197 Stufen hochschnaufen!«

Jo hält sein Versprechen. Während die Sonne am Abend langsam Richtung Meer wandert, sitzt er neben Leo auf der Bank und liest ihm die Geschichte vom kleinen Quengelschaf vor.

Das kleine Quengelschaf

Es war einmal ein kleines Schaf, das wollte immer das haben, was andere hatten. Jeden Tag wollte es etwas anderes. Am Montag wollte es einen breiten, gelben Schnabel, damit es so laut schnattern konnte wie die Enten am See.

»Geht nicht, Kind«, sagte Mama Schaf. »Wie sieht das denn aus!«

»Määäh!«, quengelte das Schaf. »Nie kriegt man, was man will!«

Am Dienstag wünschte es sich Flossen wie ein Frosch, damit es weite Sprünge machen und ins Wasser hüpfen konnte.

»Geht nicht, Kind«, sagte Mama Schaf. »Wie sieht das denn aus!«

»Määäh!«, quengelte das Schaf. »Nie kriegt man, was man will!«

Am Mittwoch wünschte es sich Streifen wie das Zebra im Zoo, damit es anders aussah als die anderen Schafe.

»Geht nicht, Kind«, sagte Mama Schaf. »Wie sieht das denn aus!«

»Määäh!«, quengelte das Schaf. »Nie kriegt man, was man will!«

Am Donnerstag wünschte es sich eine rosa Haut wie ein Ferkel. Ganz ohne Wolle, damit es nicht geschoren werden musste wie die großen Schafe. Denn die Schweine kamen immer ungeschoren davon.

»Geht nicht, Kind«, sagte Mama Schaf. »Wie sieht das denn aus!«

»Määäh!«, quengelte das Schaf. »Nie kriegt man, was man will!«

16

Am Freitag wünschte es sich einen Stachel wie eine Biene, damit es sich gegen alle wehren konnte, über die es sich ärgerte.

Am Samstag wollte es einen langen Hals wie eine Giraffe, damit es über Mauern und Hecken gucken konnte. Und am Sonntag wünschte es sich einen Panzer wie eine Schildkröte.

»Geht nicht, Kind«, antwortete Mama Schaf jedes Mal. »Wie sieht das denn aus!«

»Määäh!«, quengelte das Schaf. »Nie kriegt man, was man will!«

»Nichts kriegt man, nichts darf man!«, klagte das kleine Quengelschaf. Und dann lief es beleidigt am Fluss entlang, über Wiesen und Felder in den Wald.

Ganz hinten im Wald versperrte ein Bach den Weg. An dem standen knorrige Weiden. Das kleine Schaf trank ein bisschen. Dann legte es sich ins Moos und heulte dicke Schäfchentränen. Das hörte der Zauberer Zirbel, der in einem alten Weidenstrunk am Ufer wohnte.

»Was ist los mit dir, kleines Schaf?«, fragte der Zauberer Zirbel.

»Nichts darf ich, nichts krieg ich«, klagte das kleine Schaf.

Der alte Zauberer überlegte einen Augenblick und sagte dann: »Ich möchte nicht, dass ein kleines, nettes Schaf wie du unglücklich ist. Deshalb will ich dir gern drei Wünsche erfüllen. Aber überleg es dir gut! Es sind nur drei!«

»Den ersten Wunsch weiß ich gleich!«, rief das Quengelschaf. »Ich möchte Hörner haben, so wie unser großer Hammel Eugen. Der ist der stärkste in der Herde und wird von allen bewundert. Oder gleich ein schönes Geweih, wie ein Hirsch.«

Der Zauberer Zirbel zog seinen Zauberstab aus dem weiten Ärmel seines Gewandes und berührte damit das kleine Quengelschaf. Da wuchsen ihm tatsächlich Hörner! Größer und größer wurden sie, und schließlich hatte das Schaf ein prächtiges Hirschgeweih! Das kleine Schaf jubelte und sprang herum. Alle Tiere, die es dabei im Wald aufschreckte, rannten erschrocken davon.

Sogar der Fuchs und der Iltis. Ein Lamm mit Hirschgeweih hatten sie noch nie gesehen! Zuerst machte dem kleinen Schaf das Tiere-Erschrecken großen Spaß. Es lief über Wiesen und Felder zum Fluss. Aber das dumme Geweih störte auf die Dauer beim Laufen. Und als es durch den Zaun auf die Weide schlüpfen wollte, blieb es damit hängen. Ein bisschen neidisch sah es hinauf zu den Kranichen, die leicht und beschwingt ihre Kreise über dem See zogen.

Da lief es zurück an den Bach. Sobald es bei den Weiden angekommen war, rief es: »Zauberer Zirbel, Zauberer Zirbel! Wo bist du?«

»Da bin ich schon«, brummte der Zauberer und erschien aus einer Nebelwolke.

»Ich weiß jetzt, was ich mir wünsche!«, rief das kleine Quengelschaf aufgeregt.

»Sprich!«, sagte der Zauberer Zirbel.

»Ich möchte Flügel haben wie ein Kranich, damit ich durch die Luft fliegen kann und nicht mit dem dummen Geweih überall hängen bleibe!«, rief das Quengelschaf.

Der Zauberer zog wieder den Zauberstab aus dem Ärmel und berührte damit das Schaf. Da wuchsen ihm tatsächlich Flügel!

»Juhu, ich kann fliegen!«, jubelte das Lämmchen, das jetzt ein Hirschvogel war. Und dann flog es bis zum See, wo die anderen Lämmer auf der Weide waren und erschrocken hinauf in die Wolken guckten, wo das gehörnte Quengelschaf kreiste. Es flog einen Looping und eine Acht und glitt zur Wasserfläche hinunter. Da sah es sein Spiegelbild in der Oberfläche des Sees. Oje! Wie sah es bloß aus! Es erschrak, vergaß mit den Flügeln zu schlagen und stürzte ab. Die anderen Lämmer standen am Ufer und lachten schadenfroh.

Mit Mühe erreichte das abgestürzte Quengelschaf das Ufer. Schlick und Seegras hingen in seinen Hörnern und die Flügel klebten an seinem Körper.

18

»Kind, wie siehst du denn aus!«, rief seine Mama entsetzt und fiel vor Schreck ohnmächtig ins Gras.

»Wie ein Monster von einem anderen Planeten!«, brummte der Hammel Eugen, der jetzt angetrabt kam.

Da wäre das kleine Schaf am liebsten in ein Mauseloch gekrochen. Aber dafür war es zu groß. Es rannte, so schnell es konnte, zurück in den Wald. Bei den Weiden am Bach erwartete es schon der Zauberer Zirbel.

»Ich hab mir schon gedacht, dass du wieder zurückkommst«, seufzte er. »Wenn du dir immer nur das wünschst, was andere haben, wirst du nie zufrieden sein.«

»Ich wünsche mir ...«, keuchte das Quengelschaf.

»Halt! Halt!«, rief der Zauberer und hob mahnend den Zauberstab. »Überlege dir diesmal sehr gut, was du dir wünschst. Es ist dein letzter Wunsch.«

Da überlegte das Lämmchen nicht lange, schluchzte und sagte:

»Ich will sein, wie ich vorher war, und ganz schnell heim zu meiner Mama!«

»Das war eine lustige Geschichte«, sagt Leo. »Ich quengle auch manchmal, und Mama sagt, das nervt.«

»Na ja, das kleine Schaf übertreibt es ein bisschen. So ist das oft in Geschichten«, sagt Jo. »Welche Geschichte möchtest du als nächste hören?«

Leo blättert in dem Buch mit den Tiergeschichten.

»Vielleicht eine Geschichte von gefährlicheren Tieren? Von Löwen oder Tigern?«

»Na klar, das haben wir hier alles im Angebot«, sagt Jo und schlägt das Inhaltsverzeichnis auf.

»Tiger bitte zuerst«, sagt Leo und deutet auf das Tigerbild. »Weil ich nämlich bald in die Tigerklasse komme!«

Da liest ihm Jo die Geschichte vom kleinen Tiger Tom vor.

19

Tigertom will nach Timbuktu

Es war einmal ein kleiner Tiger, der hieß Tom. Er wohnte mit seinen Eltern und seinem kleinen Bruder im Tigerhaus auf dem Hügel über der Löwenzahnwiese.

»Heute mache ich Frühjahrsputz«, sagte Tigermama eines Morgens zu Tigertom. »Räumst du bitte dein Zimmer auf?«

»Später«, antwortete Tigertom.

»Und kümmere dich ein bisschen um deinen kleinen Bruder. Er krabbelt mir dauernd zwischen den Beinen herum.«

»Keine Lust!«, brummte Tigertom. »Will raus!«

»Dann zieh Schuhe und die grünen Wollsocken an. Es ist noch kühl«, warnte ihn Tigermama.

»Ich hasse grüne Socken!«, rief Tigertom und seine Augen blitzten wütend. »Immer muss ich machen, was du willst!«

Jetzt reichte es ihm! Er lief in die Küche, packte ein Butterbrot in seinen kleinen Rucksack und stürmte aus dem Haus.

Das erste Stück lief Tigertom ganz schnell. Dann blieb er stehen.

Nanu, Mama rannte gar nicht hinter ihm her? Auch gut. Er überlegte, was er eigentlich wollte. Aber es fiel ihm nur ein, was er auf keinen Fall wollte: Zimmer aufräumen, blöde, grüne Wollsocken und Schuhe anziehen und mit seinem kleinen Bruder spielen!

Tigertom klingelte bei seinem Freund Max Wuselwolf. Mit dem hatte er schon immer einen Ausflug nach Timbuktu machen wollen. Aber der war nicht zu Hause. So lief er allein weiter. Er bog in den Apfelbaumweg ein. Dort erntete Gärtner Bock gerade seine Kirschen.

»Wohin so eilig, Tigertom?«, fragte der Gärtner.

»Nach Timbuktu!«, rief Tigertom über den Gartenzaun.

Ein paar Häuser weiter duftete es herrlich nach Pfannkuchen. Adele Huhn stand am Küchenfenster und rief: »Wohin so eilig, Tigertom?«

»Nach Timbuktu«, antwortete Tigertom.

»Willst du vorher einen von meinen Pfannkuchen probieren?«

»Nö, danke«, brummte Tigertom und stapfte weiter.

Am Rand der großen Wiese blieb er stehen. Dahinter war der dunkle Wald. Und hinter dem Wald lag Timbuktu. Das hatte jedenfalls Max Wuselwolf behauptet. Ob das stimmt?, überlegte Tigertom. Ich werde einfach nachsehen!

Ehe er weiterging, sah er zum Tigerhaus hinüber, wo Tigermama gerade ein Fenster putzte. Nein, zurück nach Hause wollte er auf keinen Fall. Bestimmt war es toll in Timbuktu!

Tigertom lief über die Löwenzahnwiese. Das Gras war schon hoch gewachsen. Er musste große Schritte machen. Auf einmal summte und brummte es ringsherum. Oje! Er war mit den nackten Pfoten in ein Wespennest getreten! Hundert Wespen umschwärmten ihn. Tigertom schlug wild um sich. Er konnte Wespen nicht ausstehen! Die gemeinen Biester tarnten sich obendrein schwarz und gelb mit Tigerfarben. So konnte er sie auf seinem Fell gar nicht schnell genug entdecken! Und dann stachen sie zu! Einmal, zweimal, dreimal. Tigertom rannte um sein Leben.

»Haut ab! Weg! Weg! Weg!«, rief er verzweifelt und ließ die Pfoten wie Windmühlenflügel kreisen. Endlich blieben die Wespen zurück. Tigertom lief zum Bach, um seine Pfoten zu kühlen. Er stellte sich auf einen der großen Steine am Ufer. Da konnte er auf der anderen Seite der Wiese das Tigerhaus sehen. Ob ihn Mama schon suchte? Er befühlte die Wespenstiche an seinen Hinterpfoten. Na ja, wenn er Schuhe angehabt hätte, wäre das wohl nicht passiert. Und auf grünen Socken hätte er die Biester vielleicht besser gesehen. Trotzdem mochte er grüne Socken nicht! Grüne Socken waren — bääääh!

Er legte sich ins Moos und sah in den blauen Himmel hinauf. Richtig gemütlich war es hier! Und keiner sagte ihm, was er tun musste!

Auf einmal raschelte es hinter ihm in den Büschen.

Erschrocken drehte sich Tigertom um. Aber da kam nur eine Igelfamilie mit Rucksack und Wanderstöcken heraus. Sie sahen allerdings sehr reiseerfahren aus. Deshalb ging Tom auf sie zu und fragte: »Geht es hier nach Timbuktu?«

»Der Fußweg geht dort über die Straße und dann durch den Wald!«, erklärte der Igelvater. »Gar nicht zu verfehlen!«

Die Igelfamilie durchquerte umständlich auf einer Brücke aus dicken Kieselsteinen das Bachbett. Ein unvorsichtiger kleiner Igel probierte einen anderen Weg aus. Er trat auf einen wackeligen Stein und – platsch! – plumpste er ins Wasser.

Tigertom sprang auf, zog den Kleinen heraus und trug ihn ans Ufer. Frau Igel bedankte sich mehrmals und seufzte: »Man darf kleine Kinder einfach nicht aus den Augen lassen!«

Wie gut, dass ich schon groß bin!, dachte Tigertom.

Die Igelfamilie überquerte die Straße und verschwand im Wald.

Tigertom ließ die Beine noch ein bisschen im Wasser baumeln und aß sein Butterbrot. Dann lief er weiter. Beim Überqueren der Straße war er besonders vorsichtig. Das hatte er mit Tigerpapa und Tigermama oft genug geübt. Er wartete am Straßenrand und sah aufmerksam nach rechts und links.

Plötzlich hörte er in der Ferne Motorengebrumm. Eine rasende Staubwolke näherte sich, aufgewirbelt von einem schwarzen Kater auf einem tollen Motorrad.

»Hallo, kleiner Tiger!«, rief der schwarze Kater und bremste. »Willst du ein Stück mitfahren?«

»Fährst du über Timbuktu?«, erkundigte sich Tigertom.

»Na, klar doch«, prahlte der Kater großspurig. »Ist ja nur ein Katzensprung. Steig auf!«

Tigertom zögerte. Zu gern würde er auf diesem coolen Motorrad fahren!

Aber Mama hatte ihn oft genug gewarnt, dass er nicht mit Fremden gehen darf. Der Kater reichte ihm seinen Helm. Na ja, den Helm kann ich ja wenigstens aufprobieren!, dachte Tigertom.

»Sieht echt stark aus!«, grinste der Kater und schob ihm auch noch Brille und Handschuhe hin.

Na ja, einmal kurz draufsetzen kann ich mich!, dachte Tigertom. Und ob er nicht doch ein ganz kleines Stück mitfahren sollte? Das musste toll sein! Er zog Brille und Handschuhe an.

»Siehst aus wie ein Profi!«, lobte ihn der Kater.

»Vielleicht werde ich später mal Rennfahrer!«, antwortete Tigertom stolz.

»Nun steig schon auf!«, drängelte der Kater.

Tigertom saß schon halb im Sattel, da fiel sein Blick auf das Tigerhaus. Klein und zerbrechlich wie eine Nussschale lag es auf dem Hügel hinter der Wiese. Er schüttelte den Kopf und rutschte wieder herunter. Der Fremde war ihm unheimlich. Und was würde Mama sagen?

»Traust dich wohl nicht, wie?« Der Kater lachte spöttisch. Seine grünen Augen leuchteten gefährlich. »Bist ein Hosenschisser?«

»Nein, ich will einfach nicht«, sagte Tigertom fest.

»Feigling«, brummte der Kater verächtlich, gab Gas und fuhr weiter.

Tigertom überquerte die Straße und lief in den Wald. Plötzlich war er ganz allein. Still und finster war es ringsum. Er wusste nicht recht, ob er weiterlaufen sollte. Da knisterte es neben ihm im Unterholz. Das waren Schritte!

»Pfoten hoch! Stehen bleiben! Oder es knallt!«, rief eine tiefe Stimme.

Zitternd nahm Tigertom die Pfoten hoch. Jetzt trat Forstmeister Elch aus dem Gestrüpp. »Ach, du bist's bloß, Tigertom«, sagte er erleichtert. »Es treibt sich nämlich ein Räuber in der Gegend herum. Den muss ich fangen.«

»Oje«, schnaufte Tigertom. »Das klingt gefährlich!« Die Reiselust war ihm plötzlich vergangen.

»Wohin willst du eigentlich?«, erkundigte sich der Elch.

Tigertom wusste auf einmal ganz genau, wohin er wollte, und fragte: »Kennst du einen Weg zum Tigerhaus, auf dem man nicht über die Wespenwiese muss?«

»Kann ich dir zeigen«, brummte Forstmeister Elch. »Ein Stück am Bach entlang und dann rechts über die Brücke. Es ist ein bisschen weiter, aber du kannst dich nicht verlaufen. Ich begleite dich.«

An der Brücke verabschiedete sich der Förster.

»Ich muss weiter und den Räuber suchen«, sagte er. »Da vorn ist auch schon das Tigerhaus!«

Tigertom rannte, so schnell er konnte. In der Ferne hörte er Tigermama, die nach ihm rief.

»Hier bin ich!«, antwortete Tigertom und lief auf sie zu.

Tigermama nahm ihn in den Arm und seufzte: »Bin ich froh, dass du wieder da bist. Ich hab mir solche Sorgen gemacht.«

»Warum denn? Ich bin doch nur ein bisschen herumgelaufen«, antwortete Tigertom.

»Es treibt sich ein Räuber in der Gegend herum«, sagte Tigermama besorgt. »Das hab ich eben auf Radio Timbuktu gehört!«

»Ich geh doch nicht mit einem Fremden mit!«, versicherte Tigertom.

»Das habe ich auch gehofft! Du bist ja schon groß und wir haben oft genug darüber gesprochen«, sagte Tigermama. »Könntest du ein wenig auf deinen kleinen Bruder achten, während ich das Mittagessen koche? Er spielt allein draußen im Garten.«

»Na klar«, antwortete Tigertom. »Könnte ja sein, dass er wegläuft, und das kann ganz schön gefährlich sein!«

»Mann! Fast wäre der kleine Tiger auf das Motorrad des schwarzen Katers gestiegen. Das war bestimmt der gesuchte Räuber! Wer weiß, was der mit ihm gemacht hätte. Ich würde nie mit einem Fremden mitgehen«, versichert Leo, nachdem die Geschichte zu Ende ist.

»Leider sind nicht alle Kinder so vorsichtig wie du«, antwortet der Leuchtturmwärter.

»Liest du mir jetzt bitte noch die Löwengeschichte vor?« Leo deutet auf das Löwenbild im Inhaltsverzeichnis des Buches.

»Die Geschichte von Lea Löwenkind kommt morgen dran«, sagt Jo. »Die ist ziemlich lang und gefährlich. Du kannst das Buch ja schon mal mitnehmen und dir die Bilder angucken.«

Das macht Leo gern.

Am nächsten Tag wartet er schon ungeduldig auf der Bank vor dem Lotsenhaus. Er blättert in dem Buch und sieht sich die Bilder an. Endlich kommt Jo.

»Die Worte Lea und Löwe kann ich schon selbst lesen«, sagt Leo und deutet auf die Überschrift.

»Weißt du, dass Leo ›Löwe‹ bedeutet?«, fragt Jo.

»Nee«, sagt Leo. »Aber das finde ich cool. Mama sagt sowieso immer, dass ich ein Löwe bin, weil ich am 23. Juli Geburtstag hab.«

»Das ist das Sternzeichen Löwe, das auf Lateinisch auch Leo heißt. Die beiden Geschichten, die ich dir heute vorlesen möchte, handeln von Lea, dem Löwenkind.«

»Lea ist ein Mädchen, stimmt's?« Leo grinst. »In unserer Vorschulgruppe ist nämlich auch eine Lea. Die ist manchmal wild wie eine Löwin.«

»In deinem Namen steckt noch ein Geheimnis«, verrät Jo. »Leo heißt nämlich auf Spanisch auch: ›Ich lese.‹ Und genau das machen wir ja gemeinsam!«

Und dann setzt Jo seine lustige, grüne Lesebrille auf und liest Leo die Geschichte von Lea Löwenkind vor.

Lea Löwenkind

Es waren einmal drei Löwenkinder, die hießen Lea, Jo und Jap. Sie nutzten die Zeit, in der die großen Löwen schliefen, um allein am Flussufer herumzutoben.

»He! Fangt mich doch!«, rief Lea ihren Brüdern zu. Sie kletterte flink auf einen Felsvorsprung. Jo und Jap jagten hinter ihr her. Mit einem kühnen Satz sprang die kleine Löwin über die Felsspalte.

»Was ist? Kommt ihr nicht mit?«, rief Lea übermütig.

Die beiden Löwenjungen sahen sich unsicher an. Im Springen war Lea viel geschickter als sie!

»Keine Lust«, sagte Jo und rollte sich träge auf den Rücken.

»Im Schatten ist es kühler«, sagte Jap und gähnte. Er legte sich neben einen Salbeibusch und schloss die Augen.

Lea sah zu ihrem Papa hinüber. Der Löwenvater lag auf der anderen Seite des Flusses unter einer großen Schirmakazie und schnarchte. Er schlief meist tagsüber. Vor allem, wenn er gut gegessen hatte wie vorige Nacht. Mit dem war nichts anzufangen.

Auch Mama hatte tagsüber keine Lust zum Spielen. Sie war in der Nacht auf der Jagd gewesen und lag jetzt mit den anderen Löwinnen auf den runden Felsen vor der Höhle und schlief ebenfalls.

Lea dagegen war überhaupt nicht müde!

Na gut, wenn keiner mit ihr spielte, dann musste sie eben allein auf Entdeckungsreise gehen! Sie lief über Steine und Geröll zum Fluss hinunter.

Boah! Was war das für ein seltsamer spitzer Sandhügel? Neugierig steckte Lea die Nase hinein. Roch gar nicht schlecht! Aber plötzlich begann es überall im Gesicht zu jucken und zu kitzeln. Termiten! Sie war an einen Termitenbau geraten. Hastig wischte sich Lea die lästigen Winzlinge aus dem Gesicht und lief weiter.

Die kleine Löwin durchstreifte das trockene Buschland am Flussufer. Mmh, da roch es wunderbar nach Stachelschwein! He! Da saß ja auch eines im Gras: Das wollte sie fangen. Vorsichtig schlich sich Lea an das Stachelschwein heran. Doch – hui! – verschwand es in einem Erdloch! Lea steckte die Nase in den Bau. Ganz vorsichtig, denn ein Stachelschwein-Stachel tat fürchterlich weh. Das wusste sie aus Erfahrung.

Plötzlich schoss eine Hyäne aus dem Bau heraus und fauchte: »Verschwinde! Oder ich kratz dir die Augen aus!«

Lea erschrak und rannte zum Fluss. Der bestand am Ende der Trockenzeit nur aus Staub und Steinen. Sie grub ein Loch, in dem sich Wasser sammelte. So, wie es Mama und Papa immer machten. Gerade, als sie trinken wollte, hörte sie ein lautes Schnaufen hinter sich. Es knackte im Gebüsch. Ein riesiges Nashorn brach durch das Gehölz!

Lea hatte noch nie ein Nashorn aus der Nähe gesehen.

»Weg da!«, schnaubte das Nashorn und trampelte auf Lea zu.

»Das ist mein Wasserloch!«, sagte Lea.

»Weg da! Oder ich mache Matsch aus dir!«, knurrte das Nashorn.

Erschrocken sprang Lea zur Seite. Das Nashorn trank. Dann machte es Platz für das Nashorn-Baby, das jetzt aus dem Uferschilf kam. Es war erst ein paar Wochen alt und schon doppelt so groß wie Lea.

Lea rannte hinauf zur Schirmakazie. »Papa, Papa!«, schnaufte sie empört. »Das blöde Nashorn hat mich einfach von meinem Wasserloch verjagt.«

»Angst gehabt, was?«, sagte Papa Löwe. »Ein Löwe hat keine Angst. Nicht einmal vor Nashörnern. Weglaufen ist feige. Ein Löwe ist mutig und fürchtet niemanden. Merk dir das!«

»Hast du wirklich vor niemandem Angst?«, fragte Lea.

»Vor niemandem!«, behauptete der Löwenvater und schüttelte stolz die Mähne. Dann legte er seinen Kopf wieder auf die Vordertatzen und schloss die Augen.

Lea lief zur Höhle, vor der Mama und die anderen Löwinnen lagen. Sie erzählte vor ihrem Abenteuer.

»Lauf weg, wenn einer stärker ist als du«, sagte Mama. »Das ist klüger.«

Die anderen Löwinnen nickten zustimmend.

»Papa hat aber gesagt, weglaufen ist feige«, widersprach Lea. »Ein Löwe muss mutig sein und fürchtet sich vor niemandem.«

»So reden die Männer! Was nützt mir ein mutiger kleiner Löwe, wenn er tot ist?«, seufzte die Löwenmutter.

Am späten Nachmittag brannte die Sonne immer noch heiß herunter. Keine einzige Wolke war am Himmel.

»Wird Zeit, dass die Regenzeit kommt«, sagte Mama Löwe.

Als es dämmerte, gingen auch die großen Löwen zum Fluss hinunter. Eine Herde Gazellen rannte schnell davon, als sie die Löwen sah. Auch ein Giraffenpärchen machte ihnen respektvoll Platz. Eine Flusspferdfamilie suchte das Weite.

»Siehst du, alle fürchten sich vor uns«, sagte Papa Löwe zu Lea.

Plötzlich hörte man in der Ferne ein Donnern.

»Ob endlich die Regenzeit kommt?«, fragte Mama Löwe und sah zum wolkenlosen Himmel hinauf.

Der Löwenvater erhob sich. Dieser Donner bedeutete Gefahr! Er wusste, dass er aus den tödlichen Gewehren der Jäger kam.

»Wir sollten in der Höhle schlafen!«, drängte Papa Löwe sein Rudel. »Kommt!«

Zum ersten Mal entdeckte Lea Angst in Papas Augen.

»Sind das Nashörner, die da donnern?«, fragte Lea.

»Viel gefährlicher«, antwortete der Löwe.

»Deshalb läufst du weg?«, fragte Lea und lief hinter Papa Löwe her. »Fürchtest du dich etwa vor dem Donner? Donner ist doch nicht gefährlich. Donner bringt Regen, hat Mama gesagt!«

»Das ist kein normaler Donner! Das sind Gewehre«, sagte der Löwenvater ernst.

»Was sind Gewehre?«, fragte Lea.

»Es sind die Donnerstöcke der Jäger. Sie bringen den Tod«, sagte Papa Löwe mit tiefer Stimme.

In der Nacht blitzte, krachte und donnerte es. Es war der normale Donner. Ein Gewitter ließ die Wolken am Himmel aufplatzen. Und dann regnete es. Stundenlang!

»Donner bringt eben doch Regen!«, rief Lea in die Höhle. »Jo und Jap, kommt heraus! Wasser fällt vom Himmel! Viel, ganz viel!«

Lea sprang im Regen herum. Sie sang und tanzte. Jetzt kamen auch die Brüder aus der Höhle.

»Das macht Spaß!«, rief Lea. Und dann hüpfte sie in eine Pfütze, dass es nur so spritzte. Jo und Jap spritzten zurück. Bald wälzten sich die drei Löwenkinder ausgelassen in den matschigen Kuhlen, die sich überall bildeten.

»Jetzt brauchen wir zum Trinken nicht mehr bis zum Fluss zu laufen«, sagte die Löwenmutter zufrieden. »Bald ist auch der See wieder mit Wasser gefüllt.«

Die Löwinnen bereiteten das große Regenzeitfest vor.

Papa Löwe lag in einiger Entfernung auf einem Felsen und sah ihnen zu. Plötzlich stellte er die Ohren auf.

Da war es wieder, das gefährliche Donnern in der Ferne. Er musste der Sache nachgehen. Er musste herausfinden, wo die Jäger waren, wohin sie gingen und was sie vorhatten.

Lea, Jo und Jap spielten den ganzen Tag am See, den der Regen wieder aufgefüllt hatte.

»Wann kommt Papa zurück?«, fragte Lea am Abend.

»Ich hoffe, bald«, antwortete die Löwenmutter.

Der Löwenvater kam erst am nächsten Morgen von seiner Erkundungsreise zurück. Er war sehr ernst und sagte: »Wir ziehen in die Berge!«

»Warum, Papa?«, rief Lea, die mit den Affenkindern turnte. »Hier am Wasser ist es doch jetzt so schön!«

Der Löwenvater sah sie an und sagte: »Ich habe gesehen, wie ein Blitz aus den Gewehren der Jäger einen riesigen Elefanten tötete.«

»Hast du etwa Angst?«, fragte Lea.

Der Löwenvater schwieg.

»Angst macht vorsichtig. Und vorsichtig sein ist keine Feigheit«, antwortete die Löwenmutter. Sie war erleichtert, dass der Löwe eine so kluge Entscheidung getroffen hatte. »Papa hat recht! Kommt, Kinder! Wir müssen das Flusstal verlassen.«

So wanderte das Löwenrudel über die Ebene zu den Bergen. Der Löwenvater hatte auf seiner Reise eine Höhle ausgekundschaftet, die nur über einen steilen Kletterpfad zu erreichen war.

»Hier sind wir vor den Jägern sicher«, sagte er zufrieden, als am Abend die Sonne unterging und den Himmel rot färbte.

»Ja, hier sind wir in Sicherheit«, bestätigte die Löwenmutter und schob die drei Kinder in die Höhle. Sie war froh, so froh!

»Puh, das ist ja noch mal gut gegangen«, schnauft Leo erleichtert. »Ich finde es sehr lustig, dass der eine Löwenbruder Jo heißt, genau wie du.«

»Willst du die zweite Lea-Geschichte auch hören?«, fragt Jo.

»Oh ja, gern«, sagt Leo. »Wenn sie nicht zu gefährlich ist? Ich hab nämlich richtig Angst gehabt um Lea und ihre Familie.«

»Keine Sorge!«, beruhigt ihn Jo. »Alle Geschichten, die ich dir vorlese, gehen gut aus. Ich will doch, dass du danach gut schlafen kannst!«

Lauf nicht weg, Lea Löwenkind!

Die Morgensonne schickte ihre ersten Strahlen in die Höhle, in der das Löwenkind Lea und ihre Brüder Jo und Jap noch tief und fest schliefen. Die Löweneltern waren schon wach.

»Wacht auf!«, flüsterte die Löwenmutter den Löwenkindern ins Ohr und streichelte sie zärtlich am Nackenfell. »Der Frühling ist da. Wir verlassen jetzt gleich die Berghöhle und ziehen wieder ins Tal hinunter.«

»Kommt, Kinder, kommt!«, drängelte jetzt auch der Löwenvater, der ungeduldig draußen vor der Höhle hin und her lief. Er reckte die Nase in den Wind und brummte: »Die Luft ist rein!«

Dann warf er einen strengen Blick auf Jo und Jap, die aus der Höhle herauspurzelten und nichts anderes im Sinn hatten, als sich um einen Stock zu balgen.

»Spart eure Kräfte für den Weg, ihr Raufbolde!«, tadelte der Löwenvater seine Söhne.

Nun zog die Löwenfamilie los. Papa Löwe ging voran. In einigem Abstand folgten die Löwinnen mit den Jungen.

Die Regenzeit war zu Ende. Jetzt war die ganze Landschaft wie verzaubert. Dort, wo in der Trockenzeit Sand und Geröll gewesen waren, wuchsen für kurze Zeit Gras und Blumen. Bäume und Büsche hatten neue Blätter bekommen und aus trockenen Flussbetten waren wieder Flüsse geworden. Das Beste war, dass

es keinen Streit mehr an den Wasserstellen gab, denn es war genug Wasser für alle da.

Als die Löwenfamilie am Fluss ankam, trank dort ein Nashorn friedlich neben zwei Zebras, einem Elefanten und drei Giraffen. Sie machten sogar ein bisschen Platz, als sich die Löwenkinder ungeduldig ans Wasser drängelten. Die kleinen Löwen tranken, bis die Bäuche voll waren. Dann spritzten sie mit Wasser und hatten ihren Spaß.

»Jetzt reicht es!«, rief der Löwenvater schließlich streng. »Wir müssen weiter, Kinder.«

Ihr Weg führte durch hohes Gras. Von Lea und ihren Brüdern konnte man nur noch Ohren und Schwanzspitzen erkennen. Die Löwenmutter sah sich immer wieder um, ob die Kinder auch mitkamen, denn der Löwenvater hatte es eilig.

Als sie ihren alten Lagerplatz am See erreichten, tobte dort eine Affenhorde durch Büsche und Bäume.

»He du!«, rief ein kleiner Affe von oben herunter. »Dich kenne ich doch. Du bist Lea Löwenkind!«

Lea erinnerte sich gleich an Pax, das lustige Affenkind, mit dem sie vor Beginn der Regenzeit eine Weile gespielt hatte.

»Hallo, Pax!«, antwortete Lea vergnügt. »Spielen wir wieder Verstecken?«

Natürlich wollten ihre Brüder Jo und Jap auch mitspielen. Sie liefen hinter den beiden her.

»Lauft nicht zu weit weg«, ermahnte Mama Löwe die Kinder. »Ich möchte immer eure Witterung in der Nase haben!«

Leider hatten Jo und Jap sehr gute Spürnasen. Sie fanden Lea und Pax beim Versteckspiel immer sofort.

Das ärgerte Pax. Und als Jo wieder mit dem Suchen dran war, zog er Lea beiseite und flüsterte: »Psst! Komm! Ich hab eine Idee! Wir müssen unsere Fährten verwischen, damit die beiden Supernasen uns nicht finden.«

Und dann lotste der Affe Lea zwischen Felsbrocken hindurch zu einem kleinen Fluss. »Wir müssen auf die andere Seite. Das Wasser wird unsere Spuren verschlucken!«, grinste Pax.

»Was ist dort oben hinter den Felsen?«, fragte Lea, als sie am anderen Ufer waren und vor einer Felswand standen.

»Die weite Welt«, antwortete Pax. »Komm mit! Von ganz oben hat man den besten Ausblick.«

Sie kletterten auf die Felsen hinauf.

»Sieh mal! Was ist da unten?«, flüsterte Lea erschrocken und deutete ins Tal auf der anderen Seite hinunter, wo sie Männer und ein Auto entdeckt hatte. »Zweibeiner und eine Räderkiste! Sind die gefährlich?«

»Ach was«, rief das Affenkind vergnügt. »Wir sind doch viel flinker als diese Zweibeiner. Die können nicht mal richtig auf Bäumen turnen!«

Die Männer am Fuße des Felsens traten gerade ihr Lagerfeuer aus. Sie beluden ihr Fahrzeug mit Säcken, Schaufeln und Werkzeugen und fuhren davon. Nachdem die Männer fort waren, kletterten Lea und Pax hinunter und erkundeten neugierig den verlassenen Lagerplatz.

»Mmh! Riecht gut!«, schnupperte Lea. »Sie haben uns sogar etwas übrig gelassen!« Vorsichtig naschte sie von den Essensresten. Pax spielte mit einer leeren Thunfischdose.

»He! Hier riecht es noch besser!«, rief Lea übermütig und lief zwischen die Büsche. Sie konnte ja nicht wissen, dass die Tierfänger dort Köder ausgelegt hatten: Sie hatten zwischen Felsen und Büschen eine Tierfalle gebaut und mit Netzen und Laub bedeckt. Nichts ahnend tappte Lea hinein.

»Hiiiiiiiilfe!«, schrie Lea, als sie plötzlich in die Tiefe sauste.

Pax konnte ihr nicht helfen. Lea war viel zu schwer und das Loch war zu tief. Und weil er Angst hatte und nicht wusste, was er machen sollte, lief der dumme kleine Affe einfach davon.

Wie ein Häuflein Elend hockte Lea in ihrem Gefängnis und kam nicht mehr heraus.

Als die anderen Löwen verzweifelt nach Lea suchten, konnten sie ihre Fährte nicht finden. So musste das arme Löwenkind die ganze Nacht in dem Loch verbringen. Schließlich schlief Lea ein.

Im Morgengrauen kamen die Männer zurück. »Sieh da, ein kleiner Löwe! Munter und unverletzt! Der bringt gutes Geld bei den Tierhändlern!«, rief einer der Männer, als er die Falle überprüfte. Dann warfen die Tierfänger ein Netz hinunter und zogen die zappelnde Lea aus dem Loch. Auf der Ladefläche ihres Wagens war ein Käfig, in den schoben sie Lea hinein. Dann fuhren sie los. Durch die Gitter ihres Gefängnisses sah Lea Bäume und Felsen vorübersausen. Der Fahrtwind pfiff ihr um die Ohren. Und dann tauchte plötzlich Pax am Straßenrand auf! Ihn hatte das schlechte Gewissen getrieben. So war er zurückgekommen und hatte aus der Ferne beobachtet, was mit Lea passierte. Unauffällig wie ein Schatten begleitete er den Wagen der Tierfänger in sicherem Abstand.

Pax! dachte Lea voller Hoffnung. Ob er ihr helfen konnte?

Nach einer Stunde erreichte der Wagen das Tierfänger-Camp. Auf einer Holzrampe neben dem Zeltlager standen schon mehrere Tierkäfige.

»Gebt dem kleinen Löwen Futter und stellt ihn zu den anderen!«, befahl der Anführer.

Im Käfig rechts von Lea saß ein Papagei und krächzte: »Räuber! Mörder!«

Im Käfig links von Lea weinte ein Buschbaby leise vor sich hin.

»Was passiert jetzt mit uns?«, fragte Lea leise.

»Wahrscheinlich verkaufen sie euch an einen Zoo oder Zirkus«, vermutete ein weit gereister Kranich, der neben den Käfigen auf einer Schirmakazie Rast machte. Die gefangenen Tiere taten ihm leid. Aber helfen konnte er ihnen auch nicht.

Pax war nicht besonders mutig. Aber schlau! Der Wächter, der Lea das Futter brachte, steckte den Ring mit den Käfigschlüsseln in seine Jackentasche. Von diesem Moment an ließ Pax die Jacke nicht mehr aus den Augen.

Während die Männer am Abend am Lagerfeuer vor ihrem Zelt saßen, nutzte er seine Chance. Die Jacke lag neben dem Mann im Gras. Mit geschickten Pfoten angelte Pax den Schlüsselring aus der Tasche. Es fiel ihm schwer zu warten, bis die Männer endlich zum Schlafen in ihre Zelte gingen. Aber endlich entschloss sich auch der letzte Tierfänger gähnend zur Nachtruhe.

Pax sah sich vorsichtig um. Sein kleines Affenherz klopfte wild vor Aufregung. Jetzt war seine Stunde gekommen! Er turnte über einen Baum zu den Tierkäfigen.

»Pax!«, rief Lea überrascht, als sie endlich den Affen über sich erblickte. »Und ich hab gedacht, du hast mich wieder im Stich gelassen.«

»Psst!«, flüsterte Pax. »Ruhe in der Truhe! Ich werde euch alle befreien! Bedankt euch nicht zu laut und macht keinen Krach vor Freude, damit die Räuber nicht aufwachen!«

Er öffnete als Erstes Leas Käfigtür. Dann ließ er auch die anderen heraus. Der Papagei flog lautlos davon. Das Buschbaby verschwand mit leisem Rascheln im dunklen Laub der Bäume.

»Und wie finden wir jetzt nach Hause?«, fragte Lea bang.

»Wir müssen der Reifenspur im Sand folgen. Die führt zum Felsen am Fluss. Und von dort aus kennen wir ja den Weg.«

Im Mondlicht war die Spur des schweren Tierfängerwagens gut auf der Piste zu erkennen. Die beiden liefen in die Nacht hinein, so schnell sie konnten. Als die Sonne aufging, erreichten sie den Fluss. Lea und Pax wateten durchs Wasser auf die andere Seite. Dort witterten sie überall die frische Spur des Löwenrudels, denn die Löwinnen hatten die ganze Nacht nach Lea gesucht. Jetzt waren sie erschöpft eingeschlafen.

»Wach auf, Mama! Ich bin wieder da!«, rief Lea und blies ihrer Mutter den warmen Atem ins Gesicht.

»Leakind!«, rief die Löwenmutter voller Freude. »Bin ich froh! Wir haben uns solche Sorgen um dich gemacht!«

»Wir wollten uns nur verstecken und dann … « Lea erzählte allen von ihrem aufregenden Abenteuer.

»Ein kleiner Löwe darf sich nie so weit vom Rudel entfernen, dass man ihn nicht mehr riechen kann«, sagte die Löwenmutter ernst. »Das habe ich euch doch immer gesagt.«

»Stimmt!«, antwortete Lea. »Und jetzt weiß ich auch, warum …«

Am nächsten Tag kommt Jo am späten Nachmittag auf seinem alten Fahrrad angeradelt und fragt: »Leo, hast du Lust, wieder mit nach oben auf den Turm zu klettern? Ich muss die Lichter kontrollieren, ehe es dunkel wird. Und dann können wir gleich ein neues Buch aussuchen.«

Nach oben? Auf den Turm? Das muss man Leo nicht zweimal sagen! Gleich nachdem Jo die Tür aufgesperrt hat, schlüpft Leo an ihm vorbei und flitzt in einem Stück nach oben. Als Jo kommt, kniet Leo schon vor den Büchertürmen, die an den Wänden der Leuchtturmstube aufgestapelt sind.

»Nehmen wir bitte das?«, fragt er und hält Jo ein dickes Buch entgegen, auf dem ein altes Segelschiff mit einer schwarzen Totenkopfflagge abgebildet ist.

»Ein Buch mit Piratengeschichten? Hab mir fast gedacht, dass du die gern hörst«, brummt Jo und bläst den Staub von dem alten Buch.

»Könntest du die erste Geschichte nicht gleich hier oben vorlesen?«, bittet Leo. »Ich setz mich dort auf die Seemannskiste und binde dein Halstuch um wie ein echter Seeräuber.«

»Meinetwegen«, schmunzelt Jo und gibt ihm das Halstuch. Dann schlägt er das dicke Buch auf und liest Leo eine Seeräubergeschichte vor, in der freche Piraten ein ganzes Königreich in den Ruin treiben.

Seeräuberplage in Transportanien

»Wir sind am Ende!«, rief der König von Transportanien in der Ratsversammlung seinen Ministern zu. »Unsere letzten fünf Schiffe wurden von Piraten gekapert! Der Handel ist zusammengebrochen. Wir sind ruiniert! Und an allem sind nur diese Seeräuber schuld!«

»Es war schon genug, dass an der Ostküste der Schielende Pirat auf der Lauer lag«, seufzte der Handelsminister. »Aber jetzt liegt im Westen Käpt'n Kaiman mit seiner Bande vor Anker. Kein Schiff erreicht mehr unsere Küste! Das ist zu viel!«

»Und kein Schiff wagt den Hafen zu verlassen! Wir können keine Waren mehr verkaufen. Ebbe in allen Kassen«, jammerte der Finanzminister. »Die meisten unserer Schiffe sind zerstört, und wir haben kein Geld, um neue zu bauen!«

»Wie sollen wir ohne Schiffe die Piraten bekämpfen?«, klagte der Schifffahrtsminister.

»Am liebsten möchte ich abdanken!«, stöhnte der König und legte seine schwere Krone mit einem Seufzer vor sich auf den Tisch.

»Abdanken ist keine Lösung und der Prinz ist noch zu jung, um Euer Nachfolger zu werden, Majestät«, versicherte der oberste Geheimrat.

»Trotzdem sollten wir den Rat des jungen Prinzen hören«, schlug der Schulminister vor. »Er ist ein außergewöhnlich begabter und einfallsreicher Junge. Ich habe ihn schließlich selbst unterrichtet.«

»Der Grünschnabel soll klüger sein als wir?«, flüsterte der erste königliche Berater dem zweiten königlichen Berater ins Ohr und tippte mit dem Zeigefinger dreimal an die Stirn, um zu zeigen, was er von der Idee des Schulministers hielt. Trotzdem wurde Prinz Peter gerufen.

»Ich habe schon lange über die Angelegenheit nachgedacht«, sagte der Prinz. »Und ich glaube, ich habe eine Idee, wie wir die Piraten auf einen Schlag loswerden könnten.« Und dann verriet er ihnen seinen Plan.

Der erste königliche Berater zeigte dem zweiten königlichen Berater wieder den Vogel und wisperte: »Der spinnt, die Piraten fallen darauf nie rein!« Und der zweite königliche Berater meinte: »Wir werden auch noch das letzte Schiff verlieren. Das wette ich!«

Aber das zeigte nur, dass die Berater Prinz Peters Plan nicht richtig verstanden hatten. Der König dagegen hatte die List seines Sohnes sofort begriffen und sagte entschlossen: »Warum nicht? Jedenfalls ist es eine kluge Idee. Mein Sohn hat recht! Weshalb sollten wir das nicht versuchen?« Alle Beteiligten wurden zu größtem Stillschweigen verpflichtet. Und dann wurde Prinz Peters Plan ausgeführt.

Zwei als Fischer verkleidete Geheimagenten ließen ihre Boote jeweils in die Nähe der beiden Piratenschiffe treiben und warfen ihre Netze aus. Die misstrauischen Piraten griffen die Fischer auf und verhörten sie nach allen Regeln der Kunst. Doch dann lachten sich die Piraten ins Fäustchen. Weil sie, wie sie glaubten, von den Fischern eine sensationelle Neuigkeit erfuhren:

45

In drei Tagen, bei Neumond, wollte ein Schiff mit den gesamten Schätzen des Königs auf der Höhe der Kormoranklippen einen Fluchtversuch aus der belagerten Stadt unternehmen.

»Zur Tarnung ist das Schiff so wie das Schiff des Schielenden Piraten ausgestattet!«, verriet der eine Fischer Käpt'n Kaiman.

»Zur Tarnung ist das Schiff so wie das Schiff von Käpt'n Kaiman angemalt!«, sagte der andere Fischer zum Schielenden Piraten.

Prinz Peters Rechnung ging auf: Keiner der Piraten wollte sich die Ladung des königlichen Schatzschiffes entgehen lassen! In der Neumondnacht nahmen beide Kurs auf die Kormoranklippen.

»Die Fischer haben uns nicht belogen! Da kommt das königliche Schatzschiff tatsächlich!«, jubelte der Schielende Pirat, als er das Schiff von Käpt'n Kaiman entdeckte.

»Es stimmt, da kommt die schwimmende königliche Schatzkiste! Alle Kanonen klar zum Gefecht!«, rief Käpt'n Kaiman erfreut, als er das Schiff des Schielenden Piraten mit der Totenkopfflagge entdeckte.

Es kam so, wie Prinz Peter gehofft hatte. Die beiden beutegierigen Piraten versenkten ihre Schiffe gegenseitig. Und das Königreich Transportanien konnte seine Handelsbeziehungen in alle Welt wieder aufnehmen. Es wunderte wohl niemanden, dass der Prinz trotz seiner Jugend bald König wurde und sein Land lange Jahre klug regierte.

»Prinz Peter war ganz schön schlau«, findet Leo, nachdem Jo die Geschichte zu Ende gelesen hat. »Ich denke nur, dass diese Seeräuber-Geschichte viiiel zu kurz war.«

»Nun, es sind auch längere Geschichten in diesem Buch«, sagt Jo und sieht nachdenklich auf das spiegelglatte Meer hinaus, auf dem ein Fährschiff und ein paar Segelboote zu sehen sind. »Nicht nur von Piraten, sondern auch von tollkühnen

Kapitänen und ihren unglaublichen Abenteuern. Zum Beispiel die Geschichte von Käpt'n Flaute, der sich vieles traute.«

»Bitte, lies doch!«, drängelt Leo.

»Ich weiß nicht«, zögert Jo. »Es ist eine ganz besondere und ziemlich verrückte Geschichte.«

»Ich liebe verrückte Geschichten«, versichert Leo.

»Manches reimt sich darin und manches ist ungereimt.«

»Wie meinst du das?«, fragt Leo.

»Das wirst du merken, wenn ich lese. Immer wenn du zwei Wörter hörst, die sich reimen, klatschst du einmal in die Hände!«

»Das klingt nach Spaß!«, freut sich Leo. »Nun fang schon an!«

»Na gut, es ist ja noch früh am Abend«, seufzt Jo. »Weißt du eigentlich, was Flaute bedeutet?«

Leo schüttelt den Kopf.

»Flaute ist, wenn kein Wind weht und die Segelboote nicht vorankommen wie jetzt die Segler da unten vor unserer Küste.«

»Dann ist das so was wie das Gegenteil von Sturm?«, fragt Leo.

»Könnte man so sagen. Aber Käpt'n Flaute lässt sich – trotz seines Namens – nicht so leicht den Wind aus den Segeln nehmen!«, sagt Jo. Dann liest er Leo die unglaubliche Geschichte von Käpt'n Flaute und den fliegenden Kamelen vor.

Käpt'n Flaute und die fliegenden Kamele

Käpt'n Flaute kannte man in Seemannskreisen auf allen sieben Meeren der Welt. Genau gesagt war er der Erfinder des achten Meeres: Man nennt es das Lügenmeer. Darin hat er so viele Abenteuer erlebt, dass es ein ehrlicher Seemann kaum glauben mag. Von seinem 1001. Abenteuer soll hier kurz und klein berichtet werden.

Wenn Käpt'n Flaute in See stach, dann versammelte sich rasch eine Schar mutiger Männer um ihn. Denn die Abenteuer, die man mit Käpt'n Flaute erlebte, waren so einmalig, dass man es einfach mit eigenen Augen gehört und mit eigenen Ohren gesehen haben musste ...

An einem Sonntag im Mai war es totenstill im Hafen von Tütlüt. Plötzlich stürmte Käpt'n Flaute aus der Kneipe *Zum kichernden Hai* und brüllte: »He, ho! Holt die Messer, wetzt die Säbel! In einer Stunde und elf Minuten stechen wir in See! Wer mitkommen will, muss sich beeilen!«

Da wurde es laut in Tütlüt. Lärmend kamen die Abenteurer aus allen Ecken, vom Fischmarkt, vom Flohmarkt und aus den Hinterhöfen am Kai. Sie drängten sich um den Tisch, an dem ein zahnloser Maat saß. Er hieß Else, hatte wirre, blonde Haare und war mit Käpt'n Flaute schon durch 1000 Abenteuer gesegelt. Dieses sollte das 1001. sein. Begierig drängelten sich vor der Spelunke ziemlich abenteuerliche Gestalten, um sich in die Mannschaftsliste eintragen zu lassen.

»Immer mit der Ruhe«, knurrte Else, tauchte die Feder ins Tinten-
fass und schrieb und schrieb. Die Leute reckten die Hälse und beob-
achteten Else. Wenn Käpt'n Flaute mit dem Daumen nach oben
zeigte, machte Else einen Haken hinter dem Namen des Mannes
auf der Heuerliste. Er durfte sofort an Bord. Flaute wählte nur Leute aus, die ihm
für die neue Abenteuerreise verwegen genug erschienen.

Sobald die Mannschaft komplett war, rief Flaute: »Alles hört auf mein
Kommando! Entert den Kahn! Mann für Mann. Und keinen Mucks!«

»Aye, aye, Sir!«, riefen die Männer. Eilig kletterten sie an Bord
der alten Fregatte. Die staunende Menge am Hafen sah ihnen
neugierig nach.

Der neue Koch lief gleich in die Küche,
die auf dem Schiff Kombüse heißt.

Der Schiffsjunge Moses kletterte in das Krähennest.

So nennt man den Ausguckkorb oben am höchsten Mast.

Der neue Steuermann stellte sich ans Ruder.

Das ist das Steuerrad, wie hoffentlich jeder weiß.

Der zahnlose Maat Else überwachte die Lasten-
träger, die jetzt die Vorräte für die lange Reise an
Deck brachten.

In den Kisten war Schiffszwieback.

In den Säcken waren Mehl oder Erbsen.

In den Fässern Sauerkraut oder Rum.

Sobald alles an Bord war, funkte Käpt'n Flaute das Wetteramt im Leuchtturm an: »Ihr könnt jetzt den Wind einschalten, Jungs!«

Zehn Minuten später wehte ein kräftiger Wind von den Windkraftanlagen am Land her und trug das große Segelschiff auf den Ozean hinaus. Das Schiff hieß *Prawda*. Das ist Russisch und bedeutet Wahrheit. Wer etwas anderes behauptet, der lügt!

Nachdem die Prawda mit ihrer Mannschaft und ordentlichem Rückenwind in einem Tag das Mittelmeer durchkreuzt hatte, erreichte sie den Nil.

In Kairo war es heiß und voll. Deshalb gab Käpt'n Flaute das Kommando, weiter flussaufwärts zu segeln. Er ließ das Windgebläse an Bord auf Nordwind stellen und schon ging es Richtung Süden. Backbord, also am linken Ufer des Nils, grasten Schafe und Wasserbüffel. Steuerbord, also am rechten Ufer, gab es nur Sand. Da war die Wüste.

Am nächsten Tag, während Käpt'n Flaute gemütlich in der Hängematte lag und sich vom Abendessen ausruhte, meldete der Schiffsjunge aus dem Krähennest: »Großer See voraus!«

»Hinsegeln und Anker werfen!«, befahl der Käpt'n. Er war müde und froh, nach der Fahrt durch die Wüste einen sicheren Ankerplatz für sein großes Schiff gefunden zu haben. Da konnten wenigstens alle mal richtig ausschlafen.

Leider war der See nur eine Luftspiegelung. So etwas nennt man in Fachkreisen eine Fata Morgana. Am nächsten Morgen, als die Mannschaft erwachte, war die Fata Morgana wieder verschwunden.

»Schiff sitzt auf Sand fest!«, meldete der Steuermann, als er den Käpt'n weckte. Was diesen ziemlich erschreckte.

Käpt'n Flaute nahm sein Fernrohr und stellte fest, dass sein Schiff in einem Wadi gestrandet war. So nennt die Bevölkerung dort ein ausgetrocknetes Flussbett.

»Alles hört auf mein Kommando!«, rief Käpt'n Flaute. »Hisst die Schaufeln, setzt die Spaten!« Und dann ließ er einen Kanal für die Prawda graben. Als der Kanal fertig war, fehlte nur noch das Wasser.

Die Mannschaft versuchte zuerst das Schiff im Sandkanal vorwärts zu schieben. Dann versuchten sie es mit Tauen rückwärts zu ziehen. Aber leider war die Prawda keinen Millimeter zu bewegen. Sie war schließlich kein Wüstenschiff.

»Kein Grund zur Panik«, sagte Käpt'n Flaute, als er um sich schaute. »Wir müssen eben auf Wasser warten. In einigen Wochen beginnt die Regenzeit. Wenn der Kanal voll ist, können wir zurückfahren. Und zwar ganz bequem. Wo ist das Problem?«

»Aye, aye, Sir!«, rief der Steuermann und band sein Steuer an.

»Nichts als Land in Sicht«, meldete Moses aus dem Krähennest.

»Windstärke null«, meldete der Maat. »Keine Faaaahrt!«

»Das war's dann wohl für heute, Leute!«, knurrte Käpt'n Flaute.

Niemand widersprach, weil sich keiner traute.

Nach zwei Wochen gingen die Trinkwasservorräte zu Ende.

»Kein Grund zur Panik«, sagte Käpt'n Flaute zu der durstigen Truppe: »Es gibt ja noch Suppe.«

In der dritten Woche ging das Essen aus. Es gab nur noch Zwieback, Datteln und Heuschrecken. Beim Schimpfen und Gähnen knirschte der Sand zwischen den Zähnen. Nur bei Maat Else nicht. Der hatte ja keine.

Die Mannschaft meuterte.

»Er hat sicher wieder einen genialen Einfall, unser Käpt'n. Ihr werdet schon sehen, Leute!«, beruhigte der Maat Else die Meute.

Da kam Käpt'n Flaute ins Grübeln. Das kann man ihm nicht verübeln. Und dann kam der Einfall. Blitzartig wie ein Sommergewitter.

Flaute erinnerte sich plötzlich daran, dass jemand im Hafen von Kairo von einem Beduinendorf erzählt hatte, in dem es fliegende Händler gab. Es hieß *Illusione* und musste ganz in der Nähe sein. Der Käpt'n schickte seine Späher aus.

Die Kundschafter fanden das Dorf tatsächlich. Es bestand aus sieben Palmen, hundertdreizehn Lehmhütten und einer großen Flughalle. In der lebten und schwebten die Kamele der fliegenden Händler.

Käpt'n Flaute gelang es, die fliegenden Händler davon zu überzeugen, dass sie ihm für kurze Zeit gegen faire Bezahlung ihre Flugtiere ausliehen.

In einer langen Karawane brachten die Beduinen die Kamele der fliegenden Händler zum Schiff. Die Tiere waren frisch gefüttert und ausgeruht. Sie flogen nicht, sondern sie kamen zu Fuß, damit sie die ganze Flugkraft für die Rettung des gestrandeten Schiffes einsetzen konnten.

Käpt'n Flautes Leute hatten inzwischen überall am Schiff Taue befestigt. Die wurden jetzt durch Seemannsknoten mit dem Zaumzeug der Tiere verbunden.

»Alle Mann an Bord! Alles hört auf
mein Kommando!«, rief Käpt'n Flaute.

Als die Mannschaft startbereit war, legte
er die Hände vor den Mund und brüllte zu den
Kamelen hinunter: »Chrachamalatatitla!«

Das war Illusorisch und bedeutete: »Zeigt, was ihr könnt, ihr Kamele!«

Die sensiblen Tiere spitzten die Ohren.

Sie schnaubten durch die Nüstern.

Sie scharrten mit den Hufen.

Erst ruckelte und schuckelte die Prawda bloß ein bisschen.

Aber dann hob sie sich in die Lüfte.

Was ein Kamel allein nicht schafft, schaffen viele Kamele.

Das ist eine alte Wüstenweisheit.

Leicht wie ein Fesselballon, fuhr die Prawda im Morgenwind davon.

Käpt'n Flaute stand mit dem Fernglas auf der Brücke und murmelte zufrieden:
»Prawda, meine stolze Prawda! Jetzt bist du ein echtes Luftschiff!«

Plötzlich zogen sich am Horizont dunkle Wolken zusammen.

Während die Prawda über den Nil segelte, platzte der Himmel auf.

Es regnete in Strömen! Das riesige Sandloch, in dem die Prawda gelegen hatte, füllte sich mit Wasser und wurde größer und größer …

Schließlich zerriss die enge Stelle zwischen Rotem Meer und Mittelmeer.

»Ein Kanal! Beim ZEUS! Ein Kanal!«, rief der griechische Steuermann und deutete hinunter auf die Landschaft unter ihnen, die sich schlagartig veränderte.

Diesem Ausruf verdankt der Kanal bis heute seinen Namen.

Aber weil bei der Einweihung des berühmten Kanals ein ägyptischer Rückwärtssprecher den Namen vorlas, heißt er nicht ZEUS-, sondern SUEZ-Kanal. Das macht aber nichts. Jedenfalls ist es der Beweis, dass Käpt'n Flautes Abenteuer zwar von A bis Z gedruckt, aber nicht gelogen sind.

Bei Sonnenaufgang segelte die Prawda in den Indischen Ozean. Der Sonne und ihrem 1002. Abenteuer entgegen.

»Boah! Das war wirklich eine ganz schön verrückte Geschichte!«, schnauft Leo, der atemlos zugehört hat. »Der Käpt'n ist ein ziemlicher Angeber und Lügenbeutel. So wie der Baron von Münchhausen. Die Geschichte hat mir Oma gerade vorgelesen. Der reitet auf einer Kanonenkugel durch die Luft. Das hätte Käpt'n Flaute bestimmt auch fertiggebracht.«

»Wenn Seeleute so haarsträubende Geschichten von ihren weiten Reisen erzählen, nennt man das Seemannsgarn«, erklärt Jo. »Aus frechem Seemannsgarn ist auch das nächste Flaute-Abenteuer gestrickt. Willst du es noch hören? Es wird allerdings ein bisschen gruselig.«

»Na klar!«, ruft Leo begeistert. »Darf ich mich dort auf den Rettungsring legen? Dann haut mich nichts mehr um.«

Jo lacht. »Das ist eine gute Idee! Und halte dich gut fest. Denn bei dieser Geschichte musst du aufpassen, dass du nicht seekrank wirst.«

Und dann liest Jo dem Leo die Geschichte von Käpt'n Flaute und dem Gespensterschiff vor.

Käpt'n Flaute und das Gespensterschiff

»Der lügt wie gespuckt!«, tuschelten die Kautabak kauenden Seeleute, wenn Käpt'n Flaute in die Hafenkneipe kam. Aber dann drängelten sie sich doch alle um ihn und hörten gespannt den bartsträubenden Geschichten zu, die Flaute zum Besten gab. In denen wimmelte es nur so von schwimmenden Papageien, Elefanten mit Segelohren und Tarantella tanzenden Heringen. Ich war dabei und konnte einfach nicht widerstehen, die Geschichte von seinem 1002. Abenteuer für alle wahrheitsliebenden Leser aufzuschreiben.

Die Prawda, das sagenumwobene Schiff, lag wieder einmal im Hafen von Tütlüt und dümpelte vor sich hin. Dreizehn verlotterte Seeleute dösten träge in ihren Hängematten. Else, der blonde Maat mit den langen Haaren, schob seine Meerschaumpfeife in den zahnlosen Mund und begann auf seiner Ziehharmonika zu spielen, bis endlich auch seine Finger einschliefen.

Auf einmal dröhnten energische Schritte auf den Planken des Landesteges, an dem die Prawda vor sieben Wochen festgemacht hatte.

»Aufgewacht! Der Käpt'n kommt!«, rief der Schiffsjunge Moses aus dem Krähennest. (Das ist der Korb aus Bast ganz oben im Mast!)

Die Mannschaft, die eben noch toten Fliegen geglichen hatte, schwirrte jetzt herum wie von Hornissen gebissen. Alle hatten wegen ihrer Faulheit ein schlechtes Gewissen. Der Steuermann rollte noch schnell seine Hängematte zusammen. Da kletterte der Käpt'n schon an Bord.

»Alles hört auf mein Kommando! Klar zum Auslaufen! Ist das klar?«, brüllte Käpt'n Flaute in gewohnter Lautstärke.

Erstaunlicherweise war in Sekundenschnelle jeder auf seinem Posten. Die wilden Männer lichteten den Anker, setzten die Segel und nahmen Kurs auf das südliche Lügenmeer, auf dem Flaute nach neuen Abenteuern Ausschau halten wollte.

Nachdem die Prawda den Rand des Lügenmeeres passiert hatte, geschah allerdings 13 Tage lang nichts. Die Mannschaft ließ sich und ihre Prawda von Wind und Strömung treiben.

Der Käpt'n stand stumm auf der Brücke herum und spähte durch sein elf Meter langes Fernrohr.

»Wonach suchen Sie, Käpt'n, wenn die Frage erlaubt ist?«, erkundigte sich der Steuermann nach einer Weile ohne Eile.

»Junger Mann, das geht dich gar nichts an!«, brüllte der Käpt'n in seinem gewohnt freundlichen Ton ins Megafon.

Aber schließlich fand der Schiffsjunge Moses heraus, wonach der Käpt'n suchte. Nachdem der Käpt'n in einer heißen Tropennacht an Deck

eingeschlafen war, redete er im Traum. Moses, der in einer Taurolle schlief, wachte auf und hörte alles. Von ihm erfuhr es auch die ganze Besatzung: Der Käpt'n fahndete nach dem Gespensterschiff, das sich im Süden des nördlichen Lügenmeeres herumtreiben sollte. An Bord war der Leichenbleiche Korsar. Von dem gruseligen Seefahrer hatte vor Kurzem ein Piratenkapitän in Schanghai erzählt, der Käpt'n Flaute in einem Lügengeschichtenwettbewerb besiegt hatte. Wenn er nachweisen konnte, dass es das Schiff wirklich gab, dann hatte der Piratenkapitän aus Schanghai nicht gelogen und somit auch den Wettbewerb (und die Silberne Schote) nicht gewonnen.

Seitdem geisterte das Gespensterschiff durch Käpt'n Flautes Kopf und er war entschlossen es aufzuspüren, koste es, was es wolle. Und es kostete zunächst eine Menge: nämlich Zeit und Geduld. Aber davon hatte Flaute genug. So hielt ihn das nicht von der Suche ab.

Während sie zum dritten Mal von Ost nach West im Nebel um Kap Hoorn kreuzten, stoben plötzlich aufgeschreckte Möwen laut kreischend um die Masten der Prawda.

»Geisterschiff im Nebel! Backbord voraus«, meldete Moses aus dem Mastkorb. Es klang ein wenig verschlafen, weil er gerade erst von dem Gekreisch der Vögel aufgeweckt worden war.

Käpt'n Flaute war sofort hellwach und stürmte direkt aus seinen Träumen an Bord. Es war windstill. Trotzdem fuhr die Geisterfregatte mit geblähten Segeln backbord an ihnen vorbei.

»Mein Fernrohr! Schnell!«, befahl Käpt'n Flaute, der dem bloßen Auge nicht traute.

Drei Mann schleppten das elf Meter lange Fernrohr an. Der Käpt'n spähte durchs Rohr. Und was er sah, kam ihm seltsam vor. Das Schiff war von innen hell erleuchtet. Es klang, als ob jemand sänge und als ob eine Bordkapelle spielte.

Er legte das Fernrohr ans Ohr. Jetzt hörte er es ganz deutlich: Sie spielten bekannte Seemannslieder wie *La Fantoma ole*, *My Bones lie over the Ocean*, *Rolling alone over the Sea* und *Wir lagen vor Madagaskar und hatten ein Fest an Bord*.

Entgeistert starrte die Mannschaft auf das singende, klingende Spektakel.

»Keiner an Bord: alle fort!«, bemerkte der Koch. »Und doch …«

»Ich brauch einen Klaren!«, rief der Maat Else mit wirren Haaren.

»Seht euch das Feuer an!«, brüllte der Steuermann.

»Das sind Fackeln, die da wackeln!«, schrie Moses.

»Mich beißt ein Wal: Das ist das SOS-Signal!«, erkannte der Maat Else. Alle reckten die Hälse. Dreimal kurz, dreimal lang morsten die Fackeln – das weltbekannte Notsignal – durch Wackeln.

»SOS, wir müssen helfen!«, sagte Moses.

»Wer ist an Bord? War es Mord oder sind längst alle fort?«, grübelte Else.

»Alles klar: Das ist – das war – der Leichenbleiche Korsar!«, seufzte der Käpt'n. »Ein Geisterfahrer aus alter Zeit. Er tut mir leid.«

»Und wer ist das genau?«, erkundigte sich Moses.

»Er war einmal Sklavenhändler. Einer von der schlimmen Sorte«, erklärte der Käpt'n. »Glaubt meine Worte. Nach einer Meuterei hat ihn dereinst seine Mannschaft übers Meer gehetzt und auf der Hundert-Kakteen-Insel ausgesetzt. Dort ist er verhungert. Wenn es wahr ist, was der Kollege gelogen hat, dann segelt seine Seele seit 300 Jahren ruhelos über die Meere.«

»Wie kann man den Bösen erlösen?«, erkundigte sich Moses voller Mitleid.

»Vielleicht hat er Glück. Es gibt immer einen Trick«, behauptete Else, der sich mit Spinn- und Spukgeschichten auskannte.

»Man muss an Bord gehen und mit ihm essen und trinken«, brummte Käpt'n Flaute. Er sah in die Runde. »Und man muss einen Zipfel seines schwarzen Korsarenhemdes am Mast festnageln. Dann wird alles gut. Hat einer Mut?«

Aber da war keiner, der sich traute.

»Dann gehe ich«, brummte Flaute.

Sie manövrierten sich so nah wie möglich an das Gespensterschiff heran. Mit blassen Gesichtern folgte die Mannschaft den Befehlen des Kapitäns.

»Holt die Haken!«, rief Flaute. »Klar zum Entern ohne Kentern!«

Sobald sie Seite an Seite neben dem Geisterschiff lagen, warf Flaute den Enterhaken hinüber und brüllte: »Schnell, das Fallreep! Wir bauen eine Brücke über die Lücke!« Damit meinte er die Strickleiter, mit der man an der Bordwand hochklettern konnte. Sie diente jetzt als Hängebrücke zwischen den beiden Schiffen.

Zum Glück war es windstill und Flaute hatte noch nicht seinen Liter Frühstücksrum getrunken. Jetzt rief er: »Moses, hol Nagel und Hammer aus der Vorratskammer!« Nachdem er das Werkzeug hatte, balancierte Käpt'n Flaute wie ein Drahtseilartist mit ausgebreiteten Armen über die wackelige Hängebrücke hinüber zum Gespensterschiff. Die Mannschaft verfolgte die mutige Aktion mit gesträubten Haaren, weil sie ziemlich abergläubisch waren. Als der Käpt'n auf der anderen Seite angekommen war, hob er die Hand – und verschwand.

Die Nacht war mondhell und windstill. So konnte die Mannschaft durch die Bullaugen beobachten, was jetzt an Bord des Gespensterschiffs passierte.

Der Leichenbleiche Korsar saß am Tisch. Vor ihm standen silberne Teller, Schüsseln und Gläser. Der Platz neben ihm war frei. Würmer, Spinnen und Engerlinge schwammen in der Suppe. Auch eine Kakerlakenpuppe.

(Käpt'n Flaute hat später die grausigen Details genau beschrieben. Dabei hat er sicher leicht übertrieben.)

Schon beim ersten Anblick des Leichenbleichen Korsaren begriff Flaute, dass dessen Klamotten nur die Hülle für ein dürres Gerippe waren. Es fiel ihm schwer, sich zu ihm an den Tisch zu setzen und die Lippen mit dem Wein im Glas zu benetzen. Es war ihm klar, dass das rote Zeug kein Rotwein war!

Der Leichenbleiche Korsar starrte Flaute an und hauchte dann: »Iss mit mir noch eine Garnele und rette meine Seele!«

Mit Todesverachtung würgte Flaute die Garnele und auch noch etwas Fischsuppe hinunter. Dann griff der mutige Esser zum Messer und schleppte ohne Hast den Korsaren zum Mast. Dort nagelte er das schwarze Korsarenhemd ans morsche Holz fest und rief mit letzter Kraft: »Geschafft!«

Ein Stück von dem Hemd behielt Flaute in der Hand. Als Pfand. Damit konnte er bei Erzählungen von seinen Reisen allen beweisen, dass er es war, der – zu guter Letzt – dem Geisterspuk ein Ende gesetzt hatte.

Dabei glaubte man ihm auch so: Denn seitdem hat keiner mehr das Gespensterschiff auf einem der sieben Weltmeere gesehen – auch nicht auf dem achten Weltmeer, dem Lügenmeer!

»Mann, das war wirklich ganz schön gruselig. Zwischendurch hab ich richtig Gänsehaut bekommen!«, gesteht Leo, nachdem Jo mit der Geschichte fertig ist. »Und ich finde es witzig, dass sich der Text zwischendrin ab und zu reimt.«

»Ich auch«, sagt Jo. »Und so ist das auch in der dritten Flaute-Geschichte. Da kommt es allerdings noch schlimmer. Wenn wir die noch lesen, dann wird es heute zu spät.«

»Oh bitte, bitte, lies!«, bettelt Leo.

»Weißt du was: Ich werde kurz deine Mama anrufen und fragen, ob wir noch eine Geschichte dranhängen dürfen.« Jo angelt sein Handy aus der Hosentasche.

Der Nachmittag am Strand hat Leos Mama ziemlich angestrengt. Mit dem Babybauch konnte sie nicht mehr so schnell hinter dem Flugdrachen herrennen wie Leo. So freut sie sich über ein bisschen Ruhe und hat nichts dagegen, als Jo anruft und fragt, ob er dem Leo noch eine Seeräuber-Geschichte mehr vorlesen darf. Sie lächelt: Wie gut, dass sich die beiden so verstehen!

So kommt es, dass Jo dem unerschrockenen Leo noch am gleichen Abend das 1003. Abenteuer des verrückten Kapitäns vorliest. Es ist die Geschichte von den Diamanten des Maharadschas.

Käpt'n Flaute und die Diamanten des Maharadschas

Im Morgengrauen des 33. Mai verließ Käpt'n Flaute auf seiner stolzen Prawda seinen Heimathafen Tütlüt und segelte seinem nächsten (dem 1003.) Abenteuer entgegen.

Die bewährte Mannschaft war wieder vollständig an Bord.

Vom zahnlosen Maat Else bis zum kleinen Schiffsjungen Moses. Der saß beim Ablegen oben im Mastkorb und winkte seiner Mama mit dem weiß-blauen Halstuch. Mama Moses machte sich Sorgen, denn Flautes Abenteuer waren ihr – zu Recht – nicht ganz geheuer.

Die Prawda erreichte Gibraltar bereits nach drei Tagen.

Die Winde wehten günstig, das kann man wohl sagen!

Doch dann kam ein heftiger Westwind, der Flaute

die blaue Mütze vom Kopfe haute.

(Es war ein Südwester. Sein bester!)

Es folgte ein Schauer. Flaute war sauer.

Vor allem wegen des verlorenen Hutes.

Doch manches Unglück hat auch sein Gutes:

Der Wind fuhr der Prawda so in die Segel, dass sie sich schnittig auf die Seite neigte, worauf sich bereits zwei Stunden später das Leuchtfeuer von Suez zeigte.

Dort empfing man den Käpt'n und seine Crew mit lautem Juhu, mit Sonnenschein, Trommeln und Wüstentrompeten. – Wie jeden!

Flaute allerdings dachte, dass man das nur seinetwegen machte und sie vollführten das Trommeln und Flöten wegen seiner tollen Rolle damals beim Bau des Kanals.

Auf die fliegenden Händler mit ihren Kamelen konnte Flaute auch dieses Mal zählen. Sie stürmten das Schiff und boten in Kürze Teppiche, Seide und tolle Gewürze. Flaute erkannte die Chance des Falles und kaufte erst ein bisschen – und schließlich fast alles.

Beim Verstauen der Schätze lächelte er weise: Das passte gut zum Ziel seiner Reise! Er wollte diesmal mit seinen Waren bis ins ferne Indien fahren. Da konnte er mit all diesen Sachen sicher gute Geschäfte machen. Außerdem musste er (einem Kunden zu Willen!) einen Geheimauftrag erfüllen.

»Wir sind voll!«, rief Else der Maat. »Alles klar zur Weiterfaaaht?«

»Lichtet die Anker!«, brüllte Flaute, wobei er vergnügt auf den Kompass haute. »Alles läuft nach Plan! Kurs: Indischer Ozean!«

»Aye, aye, Käpt'n!«, rief der Steuermann und schaltete die Windmaschinen an.

Ohne sonderlich zu hasten, kletterten die Matrosen in die Masten. Sie setzten die Segel, holten Taue und Tampen und entzündeten Backbord- und Steuerbordlampen. Der Abschied von Suez fiel manchem recht schwer. Ab dort ging es südwärts durchs Rote Meer. Am Ruder der tüchtige Steuermann. Die Prawda glitt dahin wie ein stolzer Schwan ...

Als Flaute ringsum nur noch Wasser erblickte, ging er in die Kapitänskajüte. Er sah sich zufrieden um. Da gab es erfreulich viele Bücher und Rum. Er lächelte leise. Geheimnisvoll war der Zweck seiner Reise: Er sollte nämlich – neben anderen Dingen – ein kostbares Kästchen nach Indien bringen. Es stammte von einem Juwelier in Antwerpen. Der hatte die Klunker poliert und geschliffen und wollte sie nun gesichert verschiffen. Womit er Käpt'n Flaute betraute, dem er schon seit Jahren vertraute. Für den sicheren Transport hatte er ihm vor drei Wochen eine goldene Nase versprochen.

Der Empfänger war ein Fürst in Bengalen, der wollte dafür auch fürstlich bezahlen. Das Kästchen (gefüllt mit Edelstein) musste bis zum 1. Juli in Hatschipur sein. Dieses Datum stand im Liefervertrag. Da wollte sich des Maharadschas Sohn vermählen und da durften die Juwelen nicht fehlen. Der kostbare Schatz aus glitzerndem Stein sollte das Hochzeitsgeschenk für die junge Fürstin sein.

Der Käpt'n blickte voller Stolz
auf das Kästchen aus Sandelholz.
Er öffnete es und sah hinein.
Das funkelte und blitzte, Stein an Stein.
Wie wär es, wenn er ein paar stibitzte?
Er griff hinein mit der Seemannspranke
und es durchzuckte ihn der Gedanke:
Mit dieser Handvoll aus dem Haufen
könnte ich sieben neue Prawdas kaufen.

Aber der Versuchung widerstand er schnell. Schließlich war er kein Pirat, sondern ein Ehrenmann, auf den man sich verlassen kann. Er würde auch für einen größeren Haufen seine Ehre nicht verkaufen! Er seufzte, stand auf und ging an Deck. Dort machte er den Routen-Check. Sie lagen richtig. Es ging gut voran.

Doch nach zwei Wochen schmerzten die Knochen.

»Alles im Griff auf dem Schiff?«, fragte Moses aus dem Krähennest. Es folgte der lang erwartete Bericht: »Land in Sicht!«

»Wir brauchen dringend frisches Obst und Gemüse. Es herrscht Vitaminmangel in der Kombüse.«

»Vitamine kaufen. Das ist richtig und gut. Sonst kriegen am Ende alle Skorbut!«, pflichtete der Schiffsarzt dem Küchenchef bei.

»Wir sind vor Katar. Da legen wir an«, sagte Flaute zum Steuermann.

Beim Landgang vertraten sich alle die Füße. Sie kauften Obst und Gemüse und versandten die fälligen Kartengrüße.

Moses schickte an seine Mama eine Karte mit einem Smiley-Gesicht, denn schreiben konnte er leider noch nicht.

Im Hafen von Katar schlich ein schwarz-weiß gescheckter Kater an Bord. Er wurde steckbrieflich gesucht wegen Mäusemord. Er bat um Asyl und wollte gern bleiben. Die Mehrheit der Mannschaft wollte ihn schnellstens vertreiben.

»Ein blinder Passagier! Der bleibt nicht hier!«, rief der Steuermann.

»Das Vieh bleibt hier nie! Ich hab eine Katzenhaarallergie!«, protestierte der Koch.

Aber der Maat Else nahm ihn doch!

»Das Kätzchen vertreiben? Kommt nicht in die Tüte! Der Kater aus

Katar kommt in meine Kajüte!« Er streichelte ihn und sagte dann: »Das ist mein Mann! Der kümmert sich um die Ratten, die wir immer hatten!«

Die Prawda verließ den Hafen von Katar mit westlichem Wind und erreichte den Indischen Ozean ziemlich geschwind.

»Wir haben Glück!«, rief Flaute, der immer wieder auf seinen Windmesser schaute. »Der Monsunwind aus dem Westen ist immer am besten!« Der warme Wind aus der Arabischen Wüste trug sie schließlich bis vor die indische Küste.

Aber dann fuhren sie vor Colombo gegen ein Riff und es war ein Leck im Schiff. Sie mussten eine Woche pausieren und das Schiff in einer Werft reparieren.

Klar, dass Käpt'n Flaute nervös auf seinen Kalender schaute.

»Wir haben nur noch knapp zwei Wochen und ich hab die pünktliche Lieferung versprochen!«, seufzte er.

Endlich ging es weiter. Die Sonne schien, das Wetter war heiter.

»Wir schaffen das!«, rief der Käpt'n gut gelaunt.

Er spendete Freibier. Da haben alle gestaunt.

Sie fuhren jetzt nordwärts in Richtung Ganges. Bis kurz vor Kalkutta schien alles in Butter. Aber dann verließ sie der Sonnenschein und es setzte wieder Monsunregen ein. Sie kamen einfach nicht voran.

»Ich kann's nicht verstehn. Der Wind scheint uns auf der Stelle zu drehn. Es ist wie verteufelt«, rief der Steuermann verzweifelt. »Wir brauchen Hilfe! Einen Lotsen vielleicht?«

An der Mündung des Ganges gelang es: Sie entdeckten einen Lotsen. Er stand vor seinem Lotsenhaus und sah ziemlich verlottert aus.

»Nach Hatschipur wollt ihr? Das ist nicht weit. Ich kenn einen Schleichweg. Ich weiß Bescheid. Es kostet allerdings eine Kleinigkeit!«

Der Zahlmeister zahlte, obwohl Käpt'n Flaute kritisch schaute, weil er dem verlotterten Lotsen nicht so ganz traute.

Barfuß und in zerrissenen Hosen kletterte er an Deck. An Händen und Füßen klebte Schlamm und Dreck.

»Ich kenne mich aus! Ich bin hier zu Haus!«, versicherte er. »Es ist nicht schwer. Ich zeige euch eine Abkürzung durch die Sümpfe!« Nun, das kann man auch ohne Strümpfe! Sie steuerten einen versteckten Flussarm an, der gerade breit genug war, dass die Prawda hineinpasste. Wegen der weit herabhängenden Äste mussten sie die Segel einholen. Weil das Ufer so nah war, konnten sie das Schiff mit Rudern und Stangen weiterschieben. Als es Nacht wurde, waren sie ein ganzes Stück vorangekommen. Bei einem kleinen Nest namens Schlingapur machte die Prawda in der Dunkelheit fest.

»Von hier aus sind es nur ein paar Stunden bis Hatschipur!«, versicherte der Lotse. »Ich sag es ja: Gleich sind wir da!«

Aber in der Nacht prasselte munter fieser, feuchtwarmer Regen herunter. Der Fluss trat über die Ufer. Die schnell wachsenden Schlingpflanzen (denen das Dorf seinen Namen verdankte) umfingen das Schiff mit Polypenarmen.

Der Lotse war ratlos und stöhnte: »Oh Schreck! Wir sind so kurz vor dem Ziel und kommen nicht vom Fleck.«

Zum Glück meldete sich ein arabischer Fakir, der in dem Dorf Schlingapur Urlaub machte und eine entspannte Zeit verbrachte.

Er war ein erfahrener Yoga-Mann und bot Flaute seine Hilfe an.

»Normalerweise krieg ich mit meiner Zauberflöte Teppiche zum Fliegen. Das Schiff ist zu schwer«, überlegte er. »Ich könnte es mit einem Floß versuchen? Allerdings nur mit *einem* Passagier und nicht zu viel Gepäck! Vielleicht kann ich es dann in die Luft flöten wie einen Teppich?«

Käpt'n Flaute überlegte das Ganze und witterte eine Chance, den Kundenwillen und damit seinen Auftrag pünktlich zu erfüllen.

Er einigte sich mit dem Yoga-Mann und nahm das Angebot an.

Schließlich war er kein Tor: Die Hochzeit des Prinzen stand unmittelbar bevor.

»Alles hört auf mein Kommando!«, rief Flaute und befahl das Bambusfloß zu beladen, das die hilfsbereiten Einwohner von Schlingapur schnell zusammengezimmert hatten. Alle halfen mit. Auch der Kater aus Katar. Sie verpackten die Geschenke für den Maharadscha und den jungen Prinzen in wasserdichten Beuteln und brachten sie zum Floß.

Den Dorfbewohnern versprach Flaute ebenfalls Belohnung für Kost und Wohnung, wenn sie sich um das Schiff und die Besatzung kümmerten. Dann kletterte er aufs Floß. Das Sandelholzkästchen hatte Flaute (weil er keinem anderen traute!) schon vor zwei Stunden in einem Seesack um seinen Bauch gebunden.

Der Schlangenbeschwörer hatte sich inzwischen mit einem Vitamintrunk gestärkt, den der Medizinmann des Dorfes nach seinen Anweisungen aus geheimen Kräutern und Fliegenpilz zubereitet hatte. Endlich hockte er sich im Schneidersitz vorn vor Flaute auf das Floß zwischen zwei Kröten, holte tief Luft und begann aus Leibeskräften zu flöten.

Es war eine so eindringliche Melodie, dass bei allen, die zusahen, die Fußsohlen kribbelten und das Trommelfell vibrierte.

»Das ist tatsächlich zum In-die-Luft-Gehen!«, stöhnte der Maat Else und hielt sich verzweifelt die Ohren zu.

Der geräuschempfindliche Kater aus Katar flitzte zurück auf die Prawda, schob sich Bohnen in die Ohren und versteckte sich in einem Rettungsboot.

»Wird es gelingen?«, dachte Flaute und begann vor Angst zu singen. Das Sandelholzkästchen presste er so fest an sich, dass er Bauchweh bekam. Aber die magische Melodie verfehlte ihre Wirkung nicht. Langsam, ganz langsam wichen die langen Schlingpflanzen zurück wie gehorsame Schlangen. Das Floß hob sich tropfend aus der Sumpflandschaft heraus und schwebte über die Regenwaldwipfel empor wie ein hängender Garten.

Flaute sah traurig auf die Prawda hinunter, die unter ihm auf Pantoffelgröße schrumpfte. Die winzige Mannschaft winkte munter herauf und rief: »Viel Glück und komm heil und gesund zum Schiff zurück!«

»Seemannsehrenwort! Ich bleibe nicht lange fort!«, rief Flaute von oben herab.

Bis Hatschipur war es in der Tat nicht mehr weit. Der Palastgarten des Maharadschas war leicht zu finden, weil er von bengalischen Fackeln festlich erleuchtet war.

Flautes fliegendes Floß landete gerade in dem Augenblick, als der junge Maharadscha mit seiner wunderschönen Braut die Hochzeitstorte anschneiden wollte. Das Brautpaar warf vor Schreck das goldene Tortenmesser weg (es war ein ziemlich großes) und beobachtete die Landung des fliegenden Floßes.

»Dammdammhallilah!«, rief der Maharadschasohn, was auf Bengalisch der Ausdruck höchsten Erstaunens ist. Und dann gab es einen aufregenden Empfang. Der Käpt'n lieferte das Kästchen und die Geschenke ab. Flaute und der Schlangenbeschwörer wurden als Ehrengäste zur Hochzeit eingeladen.

Der junge Maharadscha war von dem fliegenden Floß entzückt und stellte den Schlangenbeschwörer sofort als Kapitän seiner königlichen Barken ein.

Er bedankte sich bei Flaute für die Diamanten und die Geschenke. Als der Fürst erfuhr, unter welch haarsträubenden Gefahren Käpt'n Flaute Hatschipur erreicht hatte, wollte er ihn aus Dankbarkeit mit seiner jüngsten Schwester vermählen und als geschätzten Schatzmeister behalten.

Aber Käpt'n Flaute wollte nicht, dass man ihn traute!

Außerdem konnte er doch seine Mannschaft nicht im Stich lassen. Kapitänsehrenwort ist Kapitänsehrenwort! Und seine geliebte Prawda gegen eine goldene königliche Barke eintauschen? Nie im Leben!

Das Fest des Maharadschas feierte der Käpt'n noch mit. Nach drei Tagen ritt er dann auf einem prächtig geschmückten Elefanten durch den Regenwald nach Schlingapur zurück, wo ihn seine Mannschaft begeistert begrüßte.

Die Männer hatten unter Mithilfe der Bewohner von Schlingapur inzwischen die Prawda von den Schlingpflanzen befreit.

Käpt'n Flaute belohnte sie für ihre Hilfsbereitschaft mit reichen Geschenken.

Das Wasser war durch den Dauerregen so weit gestiegen, dass die Prawda ihre Fahrt (mithilfe des Lotsen und drei Handbreit Wasser unter dem Kiel) fortsetzen konnte. Und so reiste sie in einer sonnenhellen Vollmondnacht dem 1004. Abenteuer entgegen.

»Mann, war das eine irre Geschichte«, schnauft Leo. »Und eine sonnenhelle Vollmondnacht – das gibt es auch nur in Lügengeschichten.«

»Vielleicht in einer Polarnacht? Keine Ahnung. Aber im Eis auf dem Pol kann die Prawda ja nicht segeln«, überlegt Jo.

»Vielleicht doch? Wenn sie durch die Wüste segeln kann?«, entgegnet Leo.

Jo lacht: »Du hast recht, in der Fantasie ist alles möglich! Aber jetzt segelst du erst mal ins Bett, egal ob der Mond scheint oder nicht.«

Am nächsten Morgen kommt Birte Jansen in den Frühstücksraum und sagt betrübt: »Mein Bruder hat gerade angerufen. Er hat in der Nacht Zahnweh bekommen und musste aufs Festland zum Zahnarzt. Er hat gesagt, dass wir heute für ihn beim Vorlesen einspringen müssen.«

Sie deutet auf den Bücherturm, der auf der Fensterbank liegt.

»Das sind Jos Lieblingsbücher. Da wird schon etwas Passendes dabei sein.«

»Dann werde eben heute ich vorlesen«, sagt Leos Mama. »Und dafür lassen wir keine Flugdrachen steigen. Dazu ist es auch zu windig.«

»Gestern war Flaute«, bemerkt Leo.

»Woher kennst du denn dieses Wort?«, staunt seine Mutter.

»Vom Vorlesen!«, erklärt Leo stolz.

»Und weißt du auch, was es bedeutet?«

»Na klar. Das bedeutet, dass kein Wind weht. Das Gegenteil von Sturm.«

Leos Mama ist beeindruckt.

Jetzt darf sich Leo aus dem Bücherstapel etwas aussuchen. Es sind auch einige Bilderbücher dabei.

»Das da!«, sagt Leo. Er deutet auf ein Titelbild mit einem Drachen.

»Der Drache in der Besenkammer? Meinetwegen«, sagt Mama. Sie setzen sich auf die Eckbank am Fenster und dann liest sie Leo die Geschichte vom Drachen in der Besenkammer vor.

Der Drache in der Besenkammer

Tobbi geht gern zu den Vorschulkrokodilen. Aber manchmal ärgert er sich. Zum Beispiel über Annika. Die gibt nämlich immer so an.

»Schau mal, was ich ha-hab!«, sagt Annika und zeigt Karolin ihre neue Kindergartentasche. Sie ist gelb und es ist ein grüner Drache drauf.

»Seine Augen blinken im Dunkeln«, erklärt Annika.

»Echt gut«, sagt Karolin. »Du hast immer so tolle Sachen.«

»Hab ich von meiner Patentante. Von der krieg ich immer alles, was ich haben will. Sie arbeitet in einem Spielzeugladen!«, prahlt Annika.

»Kann ich auch mal sehen?«, fragt Tobbi und greift nach der Tasche.

»Das ist nichts für Dreckpfoten«, sagt Annika schnippisch.

Tobbi schielt auf seine Hände. Die sind total sauber. Bloß ein bisschen Farbe vom Malkasten ist an den Fingern.

»Dann eben nicht«, brummt er gekränkt und versteckt die Hände hinter dem Rücken. Er wirft Annika einen verächtlichen Blick zu. Dann geht er an seinen Platz zurück und malt sein Bild fertig. Es wird ein Gewitterbild in ganz dunklen Farben. Da, wo die Sonne war, malt er eine finstere Wolke. Und einen Blitz malt er auch drauf.

»Frühstückspause!«, ruft die Kindergärtnerin Claudia und schickt die Malgruppe zum Händewaschen. Dann packen alle ihre Brotzeitdosen aus.

Annikas Drachentasche wandert von Hand zu Hand und wird bewundert.

»So eine hätt ich auch gern«, seufzt Karolin und streicht über Drachenschuppen und Kulleraugen. »Ich finde sie süß!«

»Ich finde sie blöd«, bemerkt Tobbi.

»Du bist ja bloß neidisch«, sagt Annika.

»Der Drache guckt genauso doof wie du«, knurrt Tobbi.

»Das nimmst du zurück!«, ruft Annika beleidigt.

»Nö«, sagt Tobbi. »Weil's nämlich stimmt.«

Annika knüllt die Frühstückstüte zum Papierknödel zusammen und wirft sie Tobbi an den Kopf. Tobbi springt auf und zerrt Annika am Zopf. Annika brüllt. Karolin holt Claudia zu Hilfe.

»Hört sofort auf zu raufen!«, mischt sich Claudia ein. Sie trennt die beiden Streithähne und setzt jeden an einen anderen Tisch.

In der Mittagspause löscht Tobbi seine Wut mit drei Tassen Früchtetee. Hinterher muss er dringend mal raus. Als er vom Klo zurückkommt, fällt sein Blick auf Annikas Drachentasche, die jetzt im Flur am Kleiderhaken hängt.

Ob die Tasche wirklich im Dunkeln leuchtet?, überlegt Tobbi.

Drüben neben der Küche ist die Besenkammer. Da ist es ganz finster. Da könnte er es ausprobieren! Er sieht sich um, ob niemand guckt. Dann nimmt er die Tasche vom Haken und schiebt sie unter seinen Pulli. Dann läuft er zur Besenkammer hinüber und zieht die Tür hinter sich zu.

Tatsächlich! Die Augen des Drachen leuchten im Dunkeln. Man kann sie sogar hin- und herrollen.

Jetzt hört Tobbi, wie draußen jemand nach ihm ruft. Durch den Türspalt kann er Claudia erkennen, die nach ihm sucht. Oje! Bestimmt kommt sie gleich in die

Kammer! Was soll er bloß mit der Tasche machen? Er wirft die Tasche in einen Putzeimer und hängt einen Lappen drüber.

Glücklicherweise verschwindet Claudia jetzt wieder im Spielzimmer. Tobbi schlüpft aus der Kammer. Er setzt sich wieder an seinen Platz. Sein Herz klopft wie ein Hammer.

»Ich hab dich gesucht, Tobbi«, sagt Claudia. »Wir wollten jetzt eine Geschichte vorlesen. Wo warst du denn? «

»Auf dem Klo«, sagt Tobbi und wird knallrot.

Claudia liest eine Rittergeschichte vor und als sie fertig ist, sagt sie: »Jetzt wollen wir die Geschichte spielen!« Das finden alle toll.

Annika will unbedingt das Burgfräulein sein.

»Ich habe den längsten Zopf!«, ruft sie. »So lang wie Rapunzel.«

Sie läuft los, um ein blaues Samtband aus ihrer Kindergartentasche zu holen.

Gleich darauf kommt sie zurück und ruft: »Meine Tasche ist weg! Meine tolle Drachentasche!«

»Das kann nicht sein!«, sagt Claudia. «Bestimmt hast du nicht richtig geguckt.« Und dann sieht Claudia selbst nach. Aber die Tasche ist wirklich verschwunden.

»Wer hat meine Drachentasche?«, fragt Annika und sieht sich mit finsteren Blicken um.

»Selbst schuld, warum hast du damit so angegeben?«, murmelt Karolin. Sie ist im Augenblick ziemlich sauer auf Annika, weil sie auch gern das Burgfräulein gespielt hätte.

»Wer weiß, wo die Tasche ist?«, fragt Claudia.

Tobbi bastelt an seinem Ritterhelm und tut so, als ginge es ihn alles nichts an.

»Die Tasche muss doch da sein«, sagt Claudia beruhigend.

»Bestimmt hat sie jemand geklaut!«, ruft Annika wütend.

78

»Geklaut? Hier bei uns in der Gruppe? Das glaube ich nicht!«, sagt Claudia.

Tobbi sagt gar nichts.

Claudia wundert sich, dass Tobbi so still ist. Sie bewundert seinen selbst gefalteten Ritterhelm, klebt noch einen Löwen und eine Feder darauf und sagt: »Jetzt bist du Ritter Löwenherz!«

Eigentlich fühlt sich Tobbi eher wie Ritter Hasenherz. Richtig Bauchweh hat er. Und ihm ist schlecht. Er muss noch mal zum Klo. Als er zurückkommt, geht er an der Besenkammer vorbei. Er hat fast das Gefühl, als haust dort ein echter Drache in einer Drachenhöhle und er müsste mit ihm kämpfen. Was soll er bloß machen? Soll er Annikas Tasche holen? Erst traut er sich nicht hinein. Aber dann tut er es doch: Er geht in die »Drachenhöhle« und fischt die Tasche aus dem Versteck im Putzeimer.

Die Tasche fühlt sich in Tobbis Händen ganz heiß an. Fast so, als wäre ein echter Feuerdrache darauf. Zurück in die Gruppe traut er sich nicht damit.

Da entdeckt er Claudia, die gerade in der Teeküche ist. Er schiebt die Tasche auf den Tisch und sagt: »Ich hab Annikas Tasche in der Besenkammer gefunden. Jemand hat sie dort versteckt – nein, ich hab sie versteckt. Weil ich mich über Annika geärgert habe und weil ich sehen wollte, ob die Drachenaugen wirklich im Dunkeln leuchten.«

Jetzt ist es raus! Tränen steigen in Tobbis Augen. Einen ganz roten Kopf hat er. Und furchtbar peinlich ist ihm alles. Claudia legt den Arm um Tobbi und sagt: »Ritter Löwenherz, das war nicht gerade nett von dir. Aber ich glaube, du hast trotzdem einen Orden verdient!«

»Einen Orden?« Tobbi sieht sie verwirrt an.

Claudia nimmt eine der Sternplätzchen-Formen aus der Küchenschublade, bindet ein Band dran und hängt es Tobbi um den Hals.

»Das ist ein Orden für Mut und Ehrlichkeit, Ritter Löwenherz.«

»Aber – woher weißt du, dass ich mutig war?«, fragt Tobbi.

»Du hast eine Dummheit gemacht, aber du hast den Mut gehabt, es zuzugeben. Das fällt sogar ganz großen und starken Leuten schwer. Komm, und jetzt bringen wir gemeinsam Annika die Tasche zurück. Ich werde sagen, dass wir beide sie gefunden haben. Einverstanden?«

Tobbi nickt erleichtert und gibt Claudia die Hand.

»Danke!«, sagt er und ist froh. So froh!

»Ich finde es toll, dass Claudia Ritter Löwenherz zu Tobbi gesagt hat. Denn er war wirklich mutig. Bei uns war eine in der Vorschulgruppe, die hat auch immer mit ihren Sachen so angegeben wie Annika. Das finde ich blöd«, sagt Leo.

»Trotzdem darf man anderen nichts wegnehmen, auch wenn sie noch so sehr damit angeben«, mischt sich Birte Jansen ein, die ebenfalls zugehört hat. »Unser Nachbar gibt damit an, dass er größere Kürbisse hat als wir, aber deshalb klettere ich doch nicht über den Zaun und klaue welche.«

»Darf ich die nächste Geschichte aussuchen?«, fragt Leos Mama. »Sie passt gerade so gut zu uns.«

»Du meinst bestimmt das Bilderbuch mit dem Baby drauf«, rät Leo.

»Genau. Die Geschichte heißt: Lena kriegt ein Baby.«

»Na gut«, sagt Leo. »Aber die nächste Geschichte suche dann wieder ich aus.«

»Einverstanden«, sagt Leos Mama. »Komm, wir gehen in den Garten. Im Strandkorb ist es windstill und gemütlich.«

Die beiden kuscheln sich in den Strandkorb im Apfelgarten hinter dem Haus. Und dann liest Leos Mama die Geschichte von Lena vor, die auf ein Geschwister-chen wartet, genau wie Leo.

Lena kriegt ein Baby

Lena erzählt allen, dass sie ein Baby kriegt. Bald schon! Sie kann es kaum erwarten.

»Natürlich kriegt Mama das Baby. Aber sie hat gesagt, sie kriegt es für mich«, sagt Lena. »Es wächst in ihrem Bauch. Ganz dick ist er schon. Und wenn ich die Hand drauflege, spüre ich, wie es zappelt!«

Lena überlegt, wie es wohl ist, wenn man den ganzen Tag ein Baby im Bauch herumschleppt.

»Mama, ist das ungefähr so?«, fragt Lena eines Morgens. Sie stopft den Teddy unter ihren Pullover und läuft vor dem Flurspiegel auf und ab.

»So ungefähr«, sagt Mama und lacht. »Bloß viel schwerer.«

»Deshalb schnaufst du jetzt immer, wenn du die Treppe hochläufst!«

»Genau«, sagt Mama. »Und so schnell rennen wie du kann ich auch nicht mehr!«

Lena weiß, dass sie einen kleinen Bruder bekommen wird. Sie hat schon ein Foto von ihm gesehen. Auf dem war er allerdings nur als Schatten zu erkennen. Ein Schatten, der am Daumen nuckelt! Aber wie ihr Bruder heißen soll, weiß Lena noch nicht.

Deshalb krabbelt Lena am Sonntagmorgen wieder einmal zu Papa und Mama ins Bett und sie spielen das Namensuchspiel. Mama liest aus einem Buch Namen vor. Lena ruft »Halt!«, wenn ihr einer gefällt.

Papa schreibt die Namen auf. Schließlich einigen sie sich auf Johannes Oliver Niklas Anton Simon.

»Das arme Kind«, sagt Oma, nachdem sie davon erfährt. »Nehmt die Anfangsbuchstaben von allen Namen und nennt ihn Jonas. Das ist bequemer.«

Lena und Jonas – das klingt gut, findet Lena.

Eines Morgens, als Papa Lena in den Kindergarten bringen will, sagt Mama plötzlich: »Ich glaub, es ist so weit!«

»Meinst du, das Baby kommt endlich?«, fragt Lena gespannt.

Mama nickt und verzieht das Gesicht.

»Hurra!«, ruft Lena.

Plötzlich geht alles ganz schnell. Papa und Mama sind ziemlich aufgeregt. Lena weiß, dass Mama jetzt in die Klinik muss. Der kleine Koffer mit den Übernachtungssachen steht schon seit Tagen bereit.

»Darf ich mit?«, fragt Lena.

»Na gut«, sagt Papa. »Erst bringen wir Mama in die Klinik und dann darfst du zu Oma und Opa.«

»Die Lena kommt!«, ruft Opa und breitet die Arme aus, als Lena durch das Gartentor auf ihn zurennt. Papa fährt wieder in die Klinik zu Mama.

»Lenakind! Wie schön, dass du da bist!«, freut sich Oma. »Komm, wir machen es uns gemütlich.« Sie stellt noch eine dritte Tasse auf den Frühstückstisch.

»Ich weiß noch, wie es war, als du vor fünf Jahren auf die Welt kamst!«, sagt Opa. »So klein warst du! Nicht viel größer als ein Vollkornbrot.«

»Das glaub ich nicht!«, sagt Lena.

Opa holt das Fotoalbum mit den Babyfotos.

»Das klitzekleine Ding soll ich sein?«, zweifelt Lena.

»Tja, auch unser Opa passte mal in Strampelhosen«, sagt Oma. Da muss Lena lachen und sie stellt sich Opa im Kinderwagen vor.

Am Abend klingelt endlich das Telefon. Oma und Opa laufen um die Wette. Opa gewinnt und presst den Hörer ans Ohr.

»Er ist da! Und gesund!«, ruft Opa und kriegt einen roten Kopf vor Freude und Aufregung. Dann darf Lena mit Mama sprechen. Aber nur kurz. Mama ist sehr müde.

»Mein Bruder heißt Jonas und wiegt sieben Pfund!«, berichtet Lena am nächsten Morgen im Kindergarten.

»Ich hab zwei Brüder«, sagt Kira, ohne auch nur aufzusehen.

»Und ich drei Cousinen«, sagt Tim und spielt weiter mit dem Bagger.

»Und ich hab ein neues, wuscheliges Meerschweinchen«, sagt Tobias. »Wollt ihr nachher mitkommen und es euch anschauen?«

Lena ist sauer. Die anderen interessieren sich mehr für das wuschelige Meerschweinchen von Tobias als für ihren neuen Bruder.

Lena besucht Mama jeden Tag in der Klinik.

»Er ist so winzig und so süß«, erzählt sie ihrer Freundin Kira.

»Warte nur, bis er nach Hause kommt, dann wird er dich nerven«, warnt Kira.

Und so ist es dann auch: Als Mama wieder zu Hause ist, dreht sich alles um Jonas. Er wird bewundert und beschenkt, gewickelt und gefüttert. Alle rennen, wenn er schreit.

»Wo ist er denn?«, fragen alle gleich, die zu Besuch kommen. Und keiner sagt: »Wo ist sie denn, die Lena?« Keiner, bis auf Tante Julia. Die hat auch an Lena gedacht und für sie ein Päckchen mitgebracht.

»Darf ich es gleich auspacken?«, fragt Lena.

»Klar«, sagt Tante Julia. Es ist ein Bilderbuch! Tante Julia liest es auch gleich vor. Dreimal hintereinander.

»Du hast recht«, sagt Lena am Montag im Kindergarten zu Kira. »Er nervt!«

Kira lächelt erfahren. »Hab ich doch gesagt.«

Mama wickelt, stillt und badet Jonas, und wenn er brüllt, dann rennt sie gleich hin, um ihn zu trösten. Wenn ich hinfalle und heule, heißt es: »Stell dich nicht so an!«, denkt Lena.

Eines Morgens, als Mama sagt: »Kannst du mir bitte frische Windeln bringen?«, knurrt Lena trotzig: »Nein!«

Sie zieht die Decke weg, auf der Mama Jonas wickeln will, und sagt: »Außerdem ist das meine Kuscheldecke!«

Wütend wirft sich Lena auf ihr Bett. Sie wickelt die Decke um ihren Kopf, dass es ganz finster ist. Sie steckt den Daumen in den Mund. Als Mama kommt, um nach Lena zu sehen, schläft Lena. Oder tut sie bloß so? Am nächsten Tag ist Lena krank.

»Steck bloß Jonas nicht an!«, sagt Mama.

Jonas, immer nur Jonas, denkt Lena. Wie gut, dass heute Tante Julia kommt.

»Bist du erkältet, arme Maus?«, fragt Tante Julia und nimmt Lena auf den Arm. »Komm, ich mache dir ein Fläschchen mit Honigmilch!«

Während die große Lena an ihrem Babyfläschchen nuckelt, legt sich Tante Julia neben sie und erzählt, wie es ihr erging, als sie einen kleinen Bruder bekam: »Richtig sauer war ich, weil keiner mehr Zeit für mich hatte. Und heute bin ich so stolz auf ihn!«

»Meinst du etwa Papa?«, fragt Lena überrascht.

»Genau!«, sagt Tante Julia. »Und weil man später nicht mehr weiß, wie es war, als man klein war, mache ich jetzt ein Foto von dir.«

»Darf ich auch mal?«, sagt Lena und macht ein Foto von Tante Julia.

»Ich habe eine Idee«, sagt Tante Julia plötzlich. »Ich lasse meine kleine Kamera da und du machst immer ein Foto, wenn Jonas etwas Neues gelernt hat. Nicht mehr als eins am Tag. Und dann schickst du es mir. Einverstanden?«

Lena nickt. Und der Hals tut schon gar nicht mehr weh.

Jeden Tag entdeckt Lena jetzt etwas Neues an ihrem Bruder. Erst dreht er sich vom Rücken auf den Bauch, dann vom Bauch auf den Rücken. Er hebt den Kopf. Er lacht sie an. Er hält ihre Hand. Dieses Foto macht Mama. Mama druckt auch die Fotos aus. Lena schickt sie an Tante Julia und malt einen Brief dazu.

Das ist drei Jahre her. Jonas kann jetzt Dreirad fahren, Fußball spielen und Türme aus Bauklötzen bauen. Und manchmal gewinnt er beim Memory. Aber das macht Lena gar nichts aus. Sie mag Jonas. Schließlich ist er ihr Bruder. Ihrer ganz allein.

»Na, bis mein Bruder endlich Fußball spielen kann, dauert es bestimmt ewig«, sagt Leo etwas nörgelig.

»Unser Baby wird eine kleine Schwester sein«, erinnert ihn seine Mutter. »Und übrigens können manche Mädchen ziemlich gut Fußball spielen.«

»Na ja, ich weiß nicht«, sagt Leo. Es klingt enttäuscht.

»Unsere Damen-Fußballmannschaft ist Weltmeister geworden. Schon vergessen?«, bemerkt Birte Jansen, die gerade mit einem Kartoffelkorb aus der Küche kommt. »Darf ich auch zuhören? Dabei kann ich gut meine Kartoffeln schälen.«

»Gern! Und da kommt noch jemand. Jetzt sind wir schon zu viert!«, ruft Leo. Er nimmt Birte Jansens Katze Kleopatra auf den Schoß, die zufrieden schnurrt, als er sie hinter den Ohren krault.

»Jetzt wird es sportlich! Seid ihr bereit?«, fragt Leos Mama. Und dann liest sie die Geschichte von den total tollen Rennschuhen vor.

Die total tollen Rennschuhe

»Papa«, sagt Paul, als er aus der Schule kommt. »Ich wünsche mir in diesem Jahr nichts zum Geburtstag. Bloß eins ...«

»Und was?«, fragt Papa verwundert und räumt die Baupläne auf dem Schreibtisch weg, an denen er gerade gearbeitet hat.

»Total tolle Rennschuhe von Niki!«, sagt Paul.

»Wieso ausgerechnet Niki?«, wundert sich Papa.

»Weil ich so schnell laufen will wie der Rüdiger. Und der hat gesagt, die Niki-Schuhe sind total toll und laufen von selbst.«

»Kein Schuh läuft von selbst«, sagt Papa. »Jeder Schuh kann nur so schnell laufen wie der, der in ihm steckt.«

Paul lässt nicht locker. Wenn er sich mal etwas in den Kopf gesetzt hat, kann er ganz schön hartnäckig sein. »Ich brauche wirklich neue Rennschuhe«, sagt er. »Weil nämlich ...«

»Weil nämlich was?«, fragt Papa.

»... weil nämlich die alten drücken.«

»Das ist ein Grund«, sagt Papa.

Pauls Papa ist Bauingenieur. Er muss am Samstagmorgen erst zu einer Baustelle fahren und nach dem Rechten sehen. Danach geht er mit Paul in die Stadt, um die Geburtstagsschuhe zu kaufen. Aber das ist gar nicht so einfach.

Paul und sein Papa laufen von einem Sportgeschäft zum anderen. Die Schuhe sind entweder zu groß oder zu klein, zu eng oder zu weit, zu schäbig oder zu teuer. Pauls Papa begutachtet alles kritisch und meint nach dem siebten Versuch: »Schlechte Karten, was? Aber wir geben nicht auf, Paul!«

»Es ist heiß«, sagt Paul. »Könnten wir nicht zwischendurch ein Eis essen?«

»Gute Idee«, findet Papa und als sie in der Eisdiele sitzen, sagt er: »Vielleicht heißen die Schuhe ja Rennschuhe, weil man so herumrennen muss, um die richtigen zu finden.«

Am Ende der Fußgängerzone ist ein Kaufhaus. In einem der großen Schaufenster entdecken sie eine riesige Pyramide aus Sportschuhen.

»Ob da auch Rennschuhe dabei sind?«, überlegt Papa. »Wir können ja mal fragen.«

Die beiden haben Glück. In der Sportabteilung läuft gerade ein Sonderverkauf für Sportschuhe. Da stehen sie in allen Größen und Farben. Auch weiße Rennschuhe sind dabei. Papa nimmt einen davon in die Hand. Es ist Pauls Größe. Er biegt die Sohle hin und her, prüft das Profil und fühlt, ob der Schuh auch innen gut gepolstert ist. Dann macht er ein zufriedenes Gesicht.

»Technisch einwandfrei. Probier mal!«, sagt er zu Paul und hält ihm den linken Schuh hin. Paul zieht ihn an. Er passt! Besser als alles, was er bisher probiert hat. Und weiß ist der Schuh auch. Paul wippt und trippelt. Er übt einen Schnellstart zwischen den Regalen.

»Nicht schlecht, Papa«, sagt Paul. »Und sie drücken nicht.«

Jetzt kommt die Schuhverkäuferin. Sie fühlt genau nach, wo Pauls großer Zeh ist und sagt: »Sitzt genau!«

Dann holt sie den rechten Schuh.

»Sind die auch schnell?«, erkundigt sich Paul, während die Verkäuferin den rechten Schuh zuschnürt.

»Die schnellsten, die du kriegen kannst«, sagt die junge Frau. »Mein Sohn trägt sie auch. Und er ist damit den Klassenrekord gelaufen. Er sagt, sie sind total schnell. Hast du nicht gesehen, was auf den Schuhen draufsteht?«

»Ga-l-o-pp«, buchstabiert Paul und sieht Papa etwas unsicher an.

»Galopp ist, wenn ein Pferd ganz schnell rennt«, sagt Papa.

»Schneller als der Rüdiger?«

»Viel schneller!«, versichert Papa.

Jetzt ist Paul zufrieden.

»In Ordnung. Wenn die Schuhe so schnell sind, nehmen wir sie«, sagt Paul.

»Damit es kein Missverständnis gibt: Laufen musst du schon selbst«, sagt die Verkäuferin und lacht.

»Ich weiß«, sagt Paul. »Aber wenn die Schuhe passen, rennt man automatisch schneller.«

Während die Verkäuferin die neuen Turnschuhe einpackt, wirft Paul noch einen zufriedenen Blick auf den Karton. Da steht das Zauberwort: Galopp. Und ein schnelles Pferd ist außerdem darauf abgebildet.

»Nimmst du den Karton mit?«, fragt die Verkäuferin.

»Ja, bitte!«, sagt Paul. »Da pack ich meine Buntstifte rein.«

»Gute Idee«, sagt Papa und lacht. »Dann kriegst du auch noch schnelle Buntstifte! Die werden bloß so übers Papier flitzen!«

Paul überhört den leisen Spott in Papas Stimme. Er hat, was er will. Total tolle Rennschuhe!

»Soll ich die Tüte nehmen?«, fragt Papa.

»Nee«, sagt Paul. »Die trage ich selbst!«

»Na, da seid ihr ja endlich«, sagt Mama, nachdem die beiden nach Hause kommen. »Habt ihr die Rennschuhe?«

Paul nickt.

»Wir mussten ganz schön dafür herumrennen«, seufzt Papa und hängt seine Jacke über den Stuhl.

Jetzt kommt Pauls kleine Schwester dazu und fragt neugierig: »Was hast du da, Paul?«

Paul zeigt seiner Schwester den Karton. »Ganz schnelle Rennschuhe!«

»Ga-lo-p-p!«, buchstabiert Lea. Sie spricht die zwei »p« ganz deutlich, denn sie ist in der ersten Klasse und lernt gerade Lesen. »Stimmt!«, sagt Lea. »Ganz schnell. Zwei p machen ein Wort ganz schnell. Das hat unsere Lehrerin gesagt.«

»Es sind die schnellsten Schuhe, die wir finden konnten«, sagt Papa.

»Wir kennen einen, der ist damit Klassenmeister geworden«, sagt Paul stolz. Auch Mama findet die Schuhe gut.

»Doppelt so schnell und halb so teuer wie die von Niki«, sagt Papa zufrieden.

»Jetzt aber an den Tisch mit Galopp! Ganz gleich in welchen Schuhen, sonst wird das Essen kalt!«, sagt Mama und lacht.

Die nächste Turnstunde ist erst am Dienstag. Paul kann es kaum erwarten. Als er auf dem Sportplatz die neuen Schuhe anzieht, sagt Rüdiger mit einem veräcHt-

lichen Blick: »Was ist das denn für ein Schuh? Die Marke kenne ich nicht!«

Pauls Freunde wissen schon Bescheid. Sie klären Rüdiger auf.

»Das sind Galopp-Rennschuhe!«, sagt Theo.

»Total schnell!«, behauptet Jakob.

»Mit zwei P«, sagt Achmed.

»Schneller als ein Pferd«, versichert Steffi.

Und weil Paul an diesem Dienstagmorgen vor Stolz und Freude wirklich besonders schnell rennt, glauben alle, dass die neuen Schuhe schuld daran sind.

»Wo gibt's denn die schnellen Schuhe?«, erkundigt sich Achmed nach der Schule.

Paul verrät es ihm. Achmed lässt seiner Mutter keine Ruhe, bis sie ihm auch Galopp-Turnschuhe kauft. Theo und Alf wollen auch welche. Genau wie Ines, Annika, Alessia, Emily, Friedrich, Hanns und Bert. Und weil wieder mal jeder will, was alle haben, gibt es zwei Wochen später 13 Paar Galopp-Turnschuhe in der 3b. Drei Wochen später lässt Rüdiger auf der Rückfahrt vom Sportplatz seine tollen Niki-Schuhe im Bus liegen.

»Aus Versehen«, sagt Rüdiger.

»Mit Absicht!«, behauptet Theo. »Damit er auch Galopp-Schuhe kriegt!«

»Mama, denkst du, Papa geht mit mir auch Galopp-Schuhe kaufen, wenn er am Wochenende kommt?«

»Ich glaube, die ›Galopp-Schuhe‹ gibt es gar nicht in echt. Nur in der Geschichte, um zu zeigen, wie immer alle das haben wollen, was die anderen haben.«

»Ach so«, sagt Leo und ist ein bisschen enttäuscht.

»Und der Paul hat begriffen, dass nicht die Schuhe laufen, sondern er selbst, und dass es nicht auf die Klamotten ankommt, sondern auf die Leute, die drinstecken«, sagt Birte Jansen. »Und ich muss jetzt auch laufen. Und zwar in die Küche, um die Kartoffeln aufzusetzen.«

Leo hockt mit hochgezogenen Beinen neben Mama im Strandkorb und fragt: »Lesen wir noch eine Geschichte? Eine klitzekleine?«

Leos Mutter zieht die Stirn kraus und sieht auf die Uhr. »Ich glaube, es bleibt nicht mehr so viel Zeit vor dem Essen. Ich höre Frau Jansen schon in der Gaststube mit den Tellern klappern.«

»Bitte noch eine kleine. Eine ganz winzige, kurze!«, bettelt Leo und blättert im Geschichtenbuch. »Die mit dem Uhrmacher? Das sind nur zwei Seiten.«

»Na, die passt ja super«, sagt Leos Mama, als sie die Überschrift liest. »Wie für uns geschrieben!«

Hast du ein bisschen Zeit für mich?

Dingdongding! Das war die Ladenglocke. Der alte Uhrmacher legte die Lupe beiseite und ging aus der Werkstatt in sein Uhrengeschäft hinüber. Aber da war niemand.

»Hallo?«, fragte er. Doch außer dem Ticken der Uhren, die überall an der Wand hingen, bekam er keine Antwort.

»Lausbuben!«, murmelte er. Bestimmt hatten die Jungen aus der Nachbarschaft die Tür aufgerissen, um ihn aus der Werkstatt zu holen. Fiel denen nichts anderes ein, als anderen Leuten die Zeit zu stehlen? Ein wenig ärgerlich drehte er sich um. Gerade wollte er wieder in die Werkstatt zurück, da sagte ein schüchternes Stimmchen: »Hallo, ich bin's – die Johanna.«

»Ah! Johanna! Ich habe dich gar nicht gesehen!«, rief der Uhrmacher überrascht. »Willst du Mamas Armbanduhr abholen? Die ist leider noch nicht fertig.«

»Nein«, murmelte Johanna verlegen. »Ich wollte nur etwas fragen. Hast du ein bisschen Zeit für mich?«

»Ja, das heißt, nein, ich habe viel zu tun«, brummte der Uhrmacher.

»Nein, ich meine es ganz anders – ob du mir ein bisschen Zeit verkaufen kannst?«

Dabei sah sie ihn aus ihren dunkelbraunen Augen so ernsthaft an, dass der alte Uhrmacher begriff: Diese seltsame Bitte war ehrlich gemeint.

»Zeit verkaufen, wie meinst du das?«, erkundigte er sich und schob die Brille auf die Stirn.

»Na ja, es ist so: Mama hat morgen Geburtstag. Alles, was sie braucht, kauft sie sich eigentlich immer selbst. Aber eins hat sie nie: Zeit. Und da habe ich gedacht, dass ich ihr ein bisschen Zeit schenke.« Johannas Blick wanderte an der Wand entlang über die vielen Uhren, die ringsum fleißig die Zeit maßen.

»Ah, jetzt verstehe ich«, sagte der Uhrmacher und lächelte. »Aber ich bin kein Zeitmacher, sondern ein Uhrmacher. Uhren messen die Zeit, sie stellen sie nicht her.«

»Woher kommt denn dann die Zeit?«, erkundigte sich Johanna.

Der Uhrmacher überlegte einen Augenblick und sagte dann: »Die Zeit ist immer da, man muss sie sich nur nehmen.«

»Wie meinst du das?«, fragte Johanna.

»Man muss einfach Zeit füreinander haben. So, wie wir beide jetzt. Auch wenn man noch so viel zu tun hat.«

»Mama hat nie Zeit, mir eine Geschichte vorzulesen. Selbst kann ich es noch nicht so gut. Und ich mag doch Geschichten und Gedichte so gern«, seufzte Johanna.

»Ich glaube, da habe ich etwas für dich«, sagte der Uhrmacher geheimnisvoll. Er verschwand hinter dem dunkelroten Vorhang, der den Laden von der Werkstatt trennte. Dann kam er mit einer kleinen Sanduhr zurück.

»Die habe ich von meinem Zahnarzt. Der hat sie mir mal geschenkt, damit ich mir immer Zeit nehme zum Zähneputzen. Jetzt brauche ich sie nicht mehr.« Er stellte die Sanduhr auf den Ladentisch. Neugierig sah Johanna zu, wie der feine Sand langsam von der oberen Hälfte des Röhrchens in die untere rann.

»Hier kann man richtig zusehen, wie die Zeit vergeht«, sagte der Uhrmacher.

»Du könntest deiner Mutter diese Sanduhr schenken. Und wenn du möchtest, dass sie Zeit für dich hat, dann sag einfach: Nur eine Sanduhr lang!«

»Das ist toll!«, sagte Johanna und strahlte über das ganze Gesicht. »Reicht das für eine Vorlesegeschichte?«

»Manchmal. Und wenn die Geschichte länger ist, dreht man die Uhr einfach um und nimmt sich noch ein bisschen mehr Zeit.«

»Danke!«, sagte Johanna. »Und was kostet die Sanduhr?«

»Zeit kostet nichts«, sagte der Uhrmacher. »Dafür ist sie zu kostbar.«

»Mama, das mit der Sanduhr ist eine tolle Idee«, findet Leo. »Haben wir eine?«

»Nein, aber wir können eine besorgen. Oder wir borgen uns Omas Eieruhr.«

»Und dann liest du mir jeden Abend eine Geschichte vor?«

»Eine Sanduhr lang!«, sagt Leos Mama und lacht. »Das kriegen wir hin.«

»Auch wenn das Baby da ist?«

»Auch dann!«, versichert Mama. »Aber du musst mir versprechen, dass du später deiner kleinen Schwester vorliest, wenn du richtig gut lesen kannst.«

»Klar«, sagt Leo. »Eine Sanduhr lang oder auch zwei.«

In dieser Nacht schläft Leo besonders gut. Jetzt freut er sich auf seine kleine Schwester. Er ist dann ja der große Bruder und später wird er ihr Geschichten vorlesen und ihr alles erklären, was sie noch nicht weiß. Zum Beispiel, was eine Flaute ist. Und er freut sich, dass am nächsten Tag Papa kommt!

Leos Papa kommt mit dem Fährschiff. Er will das Wochenende mit seiner Familie auf der Insel verbringen. Und als er erfährt, dass er einen Wochenendjob als Vorleser hat, lacht er und sagt: »Dann mal her mit dem Geschichtenbuch!«

»Ich habe schon etwas für dich ausgesucht«, sagt Leo und hält seinem Papa das aufgeschlagene Buch vor die Nase. Es heißt: Die Superväter.

»Na ja, ich weiß nicht, ob ich ein Superpapa bin«, seufzt Papa. »Aber ich werde mir Mühe geben, die Geschichte wenigstens super vorzulesen.«

Die Superväter

Es war einmal ein Mädchen, das hieß Lotta und ging in die Igel-Klasse der Schiller-Schule. Eines Morgens in der Frühstückspause sprachen die Kinder über die Berufe ihrer Väter.

»Mein Papa ist Pilot. Er kommt in der ganzen Welt herum«, prahlte Fabian. »Heute ist er in Hongkong.«

»Mein Papa ist beim Film«, behauptete Stella. »Er trifft berühmte Leute, die andere bloß vom Fernsehen kennen. Diese Woche drehen sie einen Film in Berlin.«

»Mein Papa ist Klempner«, erzählte Lotta. »Der fährt ohne uns nie weit weg. Heute kommt er sogar zum Mittagessen nach Hause.«

»Klempner? Was ist denn das?«, fragte Fabian.

Lotta zögerte. Ihr Papa machte so viel. Das konnte sie gar nicht so schnell beschreiben.

»Bei uns war gerade der Klempner. Der hat das Klo repariert«, bemerkte Stella. Es klang ein bisschen verächtlich.

Nach der Schule hatten die anderen das Gespräch über die Berufe ihrer Väter längst vergessen. Bloß Lotta nicht. Beim Mittagessen erzählte sie zu Hause davon.

»Pilot und Film, das klingt ja ganz toll«, überlegte Lottas Mama. »Aber Fabians Mama hat mir erzählt, dass ihr Mann selten da ist. Unser Papa ist wenigstens abends und am Wochenende zu Hause.«

»Und manchmal komme ich zum Mittagessen. Besonders gern, wenn es Gemüselasagne gibt«, brummte Lottas Papa zufrieden und lud sich noch mal den Teller voll. »Ach, und Stellas Papa, den kenne ich. Der hat bei uns im Fußballverein gespielt, ehe er Beleuchter beim Film wurde.«

»Der ist also gar kein Filmstar?«, erkundigte sich Lotta überrascht.

»Nein, der rückt nur die Filmstars ins rechte Licht. Aber das ist auch ein wichtiger Beruf«, fand Papa.

Da klingelte das Telefon.

»Ein Notfall«, sagte Mama und reichte Papa den Hörer. »In der Geraldstraße 7 bei Böck. Wasser tropft durch die Decke ins Wohnzimmer.«

»Bin schon unterwegs«, brummte Lottas Papa. Er schlüpfte in die blaue Arbeitsjacke und ging zur Tür.

Dann blieb er einen Augenblick zögernd stehen, drehte sich um und sagte zu Lotta: »Weißt du was, Lotta, komm doch einfach mit. Dann siehst du, was ich so mache.«

Das musste Papa nicht zweimal sagen. Lotta schob den halb vollen Teller weg.

»Aber du hast ja kaum etwas gegessen!«, rief Lottas Mama.

»Später«, sagte Lotta und lief hinter ihrem Papa her zum Auto. Bis zur Geraldstraße waren es nur fünf Minuten. Frau Böck stand schon vor der Tür und war völlig verzweifelt.

»Kein Grund zur Panik!«, beruhigte sie Lottas Papa und holte den Werkzeugkasten aus dem Auto. »Erst stellen wir mal das Wasser ab. Wo ist der Haupthahn?«

»Im Keller links«, antwortete Frau Böck.

Lotta beobachtete gespannt, wie ihr Papa im Keller den Hahn zudrehte und dann im ersten Stock über dem Wohnzimmer nach dem Leck suchte. Es war ein kaputtes Rohr in der Badezimmerwand. Er legte das Rohr frei, tauschte das beschädigte Stück aus und lötete das neue Rohr fest. Dann machte er das Loch wieder zu und verspachtelte es.

»Wenn die Stelle getrocknet ist, sehen Sie kaum etwas«, tröstete er Frau Böck.

»Danke!«, sagte Frau Böck. »Ich bin so froh, dass Sie gleich gekommen sind.

Mein neuer Teppichboden im Wohnzimmer wäre sonst ruiniert. Und außerdem habe ich morgen Geburtstag. Die ganze Familie kommt. Ich hätte alles absagen müssen, wenn die Wohnung unter Wasser gestanden hätte.«

»Das ist jetzt nicht nötig. Nun feiern Sie schön!«, sagte Lottas Papa, als er sich verabschiedete.

An diesen Besuch bei Frau Böck erinnerte sich Lotta drei Wochen später, als sie auf Fabians Geburtstagsparty war. Als Fabians Mama in der Küche die Geburtstagstorte holen wollte, bekam sie nasse Füße. Der Boden war überschwemmt! Das Wasser lief schon bis ins Wohnzimmer.

»Hilfe! Hier schwimmt alles weg«, rief sie erschrocken. »Da muss ein Leck sein. Irgendwo unter der Spüle. So etwas passiert immer im unpassenden Moment!«

»Kein Grund zur Panik«, beruhigte sie Lotta. »Erst müssen wir den Haupthahn abstellen. Ich glaube, der ist im Keller.«

»Gute Idee!«, rief Fabians Mama und lief mit Lotta in den Keller. Gemeinsam drehten sie das rote Rädchen am Hauptwasserrohr zu.

»Puh! Die Überschwemmung wird nicht größer!«, seufzte Fabians Mama erleichtert, als sie in die Küche zurückkamen.

Die Geburtstagsgäste staunten, als Lotta sagte: »Darf ich mal in den Schrank unter der Spüle sehen?«

»Aber gern!«, antwortete Fabians Mama.

Lotta krabbelte in den Schrank. Sie wusste, wo die Anschlüsse lagen. Sie hatte genau zugesehen, wie Papa vor Kurzem Mamas neue Spülmaschine installierte. Am Zulaufschlauch der Spülmaschine rann Wasser herunter.

»Der Schlauch an der Spülmaschine ist undicht«, berichtete Lotta.

»Toll!«, staunte Fabians Mama. »Woher weißt du das denn?«

»Mein Papa ist Klempner. Wenn Sie ihn anrufen, repariert er das im Nullkommanix!«, bemerkte Lotta stolz.

»Auch heute, am Sonnabend?«

»Ist doch ein Notfall!«, sagte Lotta.

»Und wie erreiche ich ihn?«, fragte Fabians Mama.

»Das ist seine Handynummer!« Lotta hielt ihr Handgelenk mit der Armbanduhr hoch. »Sie steht auf meinem Uhrenarmband. So kann ich meinen Papa immer erreichen.«

»Du hast's gut«, seufzte Stella, während Fabians Mama die Nummer von Lottas Papa wählte.

»Ich glaube, ich werde Spezialist zum Retten von Geburtstagsfeiern«, murmelte Lottas Papa, während er eine halbe Stunde später den kaputten Schlauch gegen einen neuen austauschte und die Dichtung erneuerte.

»Du hast wirklich einen tollen Papa«, sagte Fabian anerkennend, als sich Lotta am Ende der Party verabschiedete.

»Ich weiß«, lachte Lotta. »Und er ist immer da, wenn man ihn braucht.«

»Du bist leider nicht immer da wie Lottas Papa in der Geschichte«, sagt Leo zu seinem Papa, während sie ihn am Sonntagabend wieder zum Fährschiff bringen. »Aber du bist trotzdem ein Superpapa!« Er umarmt ihn und gibt ihm einen Abschiedskuss. Sie winken dem Schiff lange nach. Kleiner und kleiner wird es. Als es nur noch so groß ist wie ein Schuhkarton, klingelt das Handy von Leos Mama.

Es ist Jo Hansen. Er möchte Leo sprechen.

»Ich wollte nur sagen, dass ich morgen wieder einsatzbereit bin«, meldet er.

»Das ist gut, denn unser Geschichtenvorrat geht langsam zu Ende«, sagt Leo, der sich jetzt das Handy ans Ohr hält. »Und Papa ist auch wieder weg. Wir haben ihn gerade zum Fährschiff gebracht.«

»Und das Schiff ist immer kleiner geworden, während es weggefahren ist, stimmt's?«, fragt Jo.

»Genau«, sagt Leo erstaunt.

»Dann sollte dir deine Mutter heute Abend die Geschichte vom Riesenglück vorlesen. Sie steht in dem dicken blauen Geschichtenbuch auf Seite 111. Sie ist ein bisschen länger. Aber sie wird dir gefallen, weil echte Riesen darin vorkommen.«

So kommt es, dass Leos Mama am Sonntagabend die Geschichte vom Riesenglück vorliest.

Das Riesenglück

In einer kleinen Stadt am großen Meer lebte ein kleiner Mann mit seiner kleinen Frau. Sie wohnten in einem kleinen Haus und hatten ein winziges Obstgeschäft mit einer windschiefen, grünen Holztür.

Eines Abends gingen die beiden am Strand spazieren. Die kleine Frau blieb stehen und sah den Kindern zu, die mit ihren Keschern auf den Leuchtturmklippen nach Krebsen und Muscheln fischten. Sie zupfte ihren Mann am Ärmel und sagte: »Weißt du, was ich mir mehr als alles in der Welt wünsche?«

Ihr Mann sah sie fragend an.

»Etwas, was man nicht kaufen kann«, sagte sie verlegen.

»Nun sag schon«, drängelte der Mann.

»Ein Kind!«

Es war wie im Märchen. Nach knapp einem Jahr kam ein Junge zur Welt. Die Eltern wurden fast verrückt vor Freude.

»Es soll ihm an nichts fehlen!«, sagte der Vater und kaufte die schönste und größte Wiege weit und breit. Sie nannten ihren Sohn Rasmus, nach seinem Urgroßvater, der ein großer und berühmter Seefahrer gewesen war. Sie hofften wie alle Eltern, dass ihr Kind das größte und schönste Kind der Welt werden sollte.

Nachdem Rasmus anfing aus dem Fläschchen zu trinken, tat seine Mutter immer die doppelte Menge Milchpulver hinein. Wenn sie den Abendbrei bereitete, mischte sie noch Vitamine und Stärkemehl darunter.

Kein Wunder, dass der Junge rascher wuchs als andere Kinder.

Mit drei Monaten konnte Rasmus schon auf eigenen Beinen stehen.

Mit vier Monaten konnte er gehen.

Mit fünf Monaten rannte er schon allein die Straße entlang bis zum Strand.

Mit neun Monaten war Rasmus so groß wie ein Schulkind.

»Seht nur, unser Sohn!«, sagte der Vater stolz. »Es passt ihm schon meine Jacke.«

Mit einem Jahr war Rasmus einen Kopf größer als sein Vater.

Mit zwei Jahren war er so groß, dass seine Mutter auf einen Hocker steigen musste, um ihm die Nase zu putzen. Und wenn er seinen Brei nicht allein löffeln wollte, musste sie sich auf den Küchenschrank setzen, um ihn zu füttern.

Als das Bett zu klein wurde, sägte der Vater zwei Löcher in das Fußteil. Und als die Türen zu niedrig waren, brach er im oberen Teil ein Stück Wand heraus, damit sich der Junge nicht immer bücken musste, wenn er durch die Türen ging.

Rasmus wuchs und wuchs. Längst schon schlief er auf der alten Holzbrücke, die der Vater gekauft, gepolstert und unter den Kastanienbaum im Garten gestellt hatte.

Als Rasmus sechs Jahre alt war, sollte er in die Schule kommen. Aber er war schon so groß, dass er durch den Kamin ins Schulhaus gucken konnte.

Weil alle Lehrer viel zu klein für ihn waren, bat der Vater den alten Leuchtturmwärter Tobias, der viel von der Welt gesehen hatte, seinen Sohn zu unterrichten. So lief Rasmus nun jeden Morgen zu den Leuchtturmklippen und hörte aufmerksam zu, was der alte Tobias ihm von der Leuchtturmplattform aus erzählte.

Rasmus lernte schnell. Viel schneller als die anderen Kinder. Er wusste gar nicht mehr, worüber er sich mit ihnen unterhalten oder was er mit ihnen spielen sollte. Außerdem hatte er Angst, dass er beim Herumrennen aus Versehen mit seinen großen Füßen auf eines der kleinen Kinder treten könnte.

Eines Morgens, während ihm der alte Tobias ein Märchen vom Riesenreich vorlas, das draußen auf einer Rieseninsel im großen Meer lag, wurde Rasmus sehr nachdenklich.

»Es kommt mir hier alles zu eng und klein vor«, sagte er zu seinen Eltern. »Ich muss fort von hier.«

»Aber wohin, mein Junge?«, fragte die Mutter bekümmert.

»Irgendwo muss es doch Menschen geben, die so sind wie ich«, antwortete Rasmus. »Die Welt ist riesengroß, hat Tobias gesagt.«

Der Vater versuchte ihn zum Dableiben zu überreden. Die Mutter war zwar eine kleine Frau. Doch sie hatte ein großes Herz.

»Die Hauptsache ist, dass unser Kind glücklich wird«, sagte sie und seufzte. Dann packte sie eine drei Meter lange Salami, ein zehn Kilo schweres Brot und einen Käse, der so groß wie ein Wagenrad war, in einen von ihren karierten Bettbezügen. »Damit du unterwegs nicht hungern musst, mein Kleiner!«, sagte sie und lächelte.

Rasmus warf den Sack mit der Verpflegung über die Schulter, verabschiedete sich von seinen Eltern und lief mit großen Schritten zum Meer hinunter.

Im Hafen lagen nur kleine Fischerboote. Aber vom Leuchtturm aus hatte er viel größere Schiffe gesehen! Deshalb lief weiter auf die Klippen hinaus.

Endlich tauchte am Horizont ein Schiff auf. Ob es groß genug war? Rasmus watete ins offene Meer. Zu seiner Freude bemerkte er, dass das Schiff immer größer wurde, je mehr er sich näherte.

Vater und Mutter waren inzwischen zu dem alten Tobias auf die Leuchtturmplattform geklettert und sahen ihrem Sohn nach.

»Hoffentlich ertrinkt er nicht!«, murmelte der Vater, als Rasmus mit seinen
langen Beinen durch das Wasser watete.

»Er kann doch schwimmen!«, beruhigte ihn der alte Tobias.

»Er wird immer kleiner!«, rief die Mutter und wischte Tränen aus dem Augenwinkel.

»Das ist völlig normal, wenn einer weggeht«, brummte der Leuchtturmwärter. »Aber seht, da kommt ein riesiges Schiff.«

»Das Schiff ist nicht viel größer als mein Pantoffel und Rasmus ist nicht viel größer als ein Bohnenkern!«, staunte die Mutter.

Der alte Tobias schob den besorgten Eltern sein Fernglas hin.

Die Mutter drückte es fest an die Augen.

»Er hat es geschafft! Er klettert an Bord!«, rief sie aufgeregt.

Sie zerknüllte ihr Taschentuch, winkte und weinte, bis das Schiff am Horizont verschwand.

»Gebt dem Jungen erst mal trockene Kleider!«, sagte der Kapitän, als Rasmus klatschnass auf dem riesigen Schiffsdeck stand. Rasmus schüttelte das Wasser aus seinem Haar. Sein Atem ging schnell und seine Augen brannten vom Salzwasser.

Der Kapitän hatte eine tiefe, aber freundliche Stimme und blickte Rasmus direkt ins Gesicht. Es dauerte eine Weile, bis Rasmus begriff, was das bedeutete: Der Kapitän war genauso groß wie er! Und ebenso das Schiff und die Besatzung. Er musste sich nicht bücken, wenn er mit ihnen sprach! Er konnte ihre Jacken und Hosen anziehen. Er konnte auf ihren Bänken an ihren Tischen sitzen und aus ihren Bechern trinken. Es war wie ein Traum! Rasmus sollte noch mehr staunen. Es stellte sich nämlich heraus, dass das Schiff *Goliath* hieß und zur Rieseninsel fuhr, von der die meisten der Besatzungsmitglieder stammten.

»Die Rieseninsel im großen Meer! Die gibt es wirklich?«, rief Rasmus überrascht. Der alte Tobias hatte davon erzählt und Rasmus hatte es für ein Märchen gehalten. Aber die Männer an Bord erzählten ihm in den nächsten Wochen noch ganz andere Riesengeschichten. So war er ganz aufgeregt, als die Rieseninsel endlich in Sicht kam.

Beim Näherkommen entdeckte er zu seiner Freude, dass die Häuser und Bäume viel größer waren als in seiner Heimat. Schornsteine, in die er nicht hineingucken musste! Und Bäume, auf die man klettern konnte! Die Stadttore schienen so hoch zu sein, dass er hindurchlaufen konnte, ohne sich zu bücken. Bestimmt gab es auch Betten, die groß genug für ihn waren, und Tische, Stühle, Socken, Schuhe, Tassen und Löffel!

»Hurra! Hurra! Die Goliath ist wieder da!«, riefen die Leute, die am Hafenrand standen, während das Schiff einlief. Die meisten hatten ihre Angehörigen seit Langem nicht gesehen. Deshalb wurden alle mit Musik, Blumen, Küssen und riesigem Jubel begrüßt.

Und dann wurde ein großes Fest gefeiert. Eine Riesenkapelle spielte Riesenmusik und Riesenköche kochten ein Riesenfestmahl.

Nachdem Rasmus sich vom ersten Staunen erholt hatte, aß, trank und tanzte er vergnügt mit. Mit einem Mädchen tanzte er besonders gern. Es hieß Sonja und hatte lustig gekrauste, rotblonde Haare, die sie hinten zu einem riesigen Zopf zusammengebunden hatte. Er mochte die Art, wie sie lachte, und was das Schönste war: Er konnte sie anfassen und herumschwenken, ohne Angst zu haben, sie könnte zerbrechen.

Als das Schiff wieder wegfuhr, beschloss Rasmus, auf der Insel zu bleiben. Er baute sich ein Haus auf einer Anhöhe, von der aus er weit aufs Meer hinaussehen konnte. Sobald das Haus fertig war, nahm er Sonja zur Frau. Das war Grund genug, wieder ein Riesenfest zu feiern! Auf einmal, mitten im Festtrubel, wurde Rasmus traurig, weil er an seine Eltern dachte, die nicht mitfeiern konnten.

»Was ist los mit dir?«, erkundigte sich Sonja besorgt.

Da erzählte er ihr, was ihn bedrückte.

»Jetzt gehörst du zu uns«, sagte Sonja. »Wir werden zusammen glücklich sein. Aber du solltest deinen Eltern am anderen Ende der Welt wenigstens einen langen Brief schreiben.«

Rasmus befolgte Sonjas Rat. Und als die Goliath das nächste Mal auf Welt-
reise ging, nahm der Kapitän den Brief mit.

Auf dem Rückweg brachte das Schiff die Antwort:

Lieber Rasmus,
wir sind froh, dass Du glücklich bist und dass es Dir gut geht.
Könnt Ihr uns mal besuchen?
Grüße und Küsse, auch für Deine liebe Frau,
von Mama und Papa.

Jetzt war auch Rasmus richtig froh.

Nachdem ein Jahr um war, bekamen Rasmus und Sonja ein Kind. Die beiden
waren stolz, als sie das erste Mal vor ihrem Haus standen und es den Verwandten
zeigten.

»Ganz hübsch. Aber findet ihr nicht, dass es ziemlich winzig ist?«, meinte die
Schwägerin, die ein wenig neidisch war.

»Ich finde, dass es genau richtig ist«, sagte Sonjas Mutter. »Es gibt eben große
und kleine Babys.«

»Es ist das schönste Kind der Welt. Ob groß oder klein, wir lieben es so, wie es
ist!«, antwortete Sonja. Und der Riesengroßvater machte mit seiner Riesenka-

mera ein Riesenfoto von dem winzigen Riesenbaby, damit Rasmus das Bild seinen Eltern nach Hause schicken konnte.

Als Rasmus' Eltern das Foto erhielten, zeigten sie es überall in der Stadt herum, damit sich alle mit ihnen freuen konnten. Und dann liefen sie hinaus zu den Leuchtturmklippen zum alten Tobias. Sie zeigten ihm das Foto und sagten: »Wenn das Kleine groß genug ist, wollen sie uns besuchen!«

»Wusste ich doch, dass der Junge sein Glück finden wird!«, brummte der alte Tobias und er bekam ganz feuchte Augen. »Das kommt vom Wind«, sagte er, während er die Tränen mit dem Ärmel wegwischte. »Und von der Freude.«

Er kochte einen Teepunsch und sie saßen noch eine ganze Weile oben im Leuchtturm und sahen auf das weite Meer hinaus, wo irgendwo in weiter Ferne die Rieseninsel lag, auf der ihr Rasmus das Riesenglück gefunden hatte.

»Ein Glück, dass ich nicht so groß bin wie Rasmus!«, sagt Leo zu seiner Mama, während sie am Nachmittag den Strand entlanglaufen und Muscheln sammeln. »Dann wären meine Ohren ganz weit oben und du hättest auf den Leuchtturm klettern müssen, um mir die Riesengeschichte vorzulesen!«

»Und du hättest dich beim Muschelsammeln ganz weit nach unten bücken müssen!«, antwortet Leos Mama.

In der Nacht ist ein Sturm über die Insel gefegt. Jetzt liegt eine Menge Treibgut herum. Algen, Muscheln und Seesterne, aber auch Badeschlappen, Plastikflaschen, Plastikbeutel und leere Coladosen.

»Das ist gemein«, sagt Leo. »Wale und Delfine können sterben, wenn sie mit dem Wasser den Plastikmüll schlucken.«

»Oder so eine Blechdose«, sagt Mama und hebt mit zwei Fingern eine leere Ölsardinendose auf, um sie in den Papierkorb an der Standpromenade zu werfen.

Nachdem sie vom Spaziergang zurückkommen, liest sie Leo die Geschichte vom seltsamen Silberschiff vor, die sie in dem blauen Geschichtenbuch entdeckt hat.

Das seltsame Silberschiff

Neugierig umkreisten die Fische eine leere Sprudelflasche, die auf dem Meeresgrund lag.

»Was ist denn das?«, erkundigte sich eine Wasserschnecke und kroch neugierig auf die Flasche zu.

»Da tun die Menschen Wasser rein«, erklärte der alte Krebs.

»Wieso denn das, Wasser ist doch überall?«, wunderte sich die Wasserschnecke.

»Menschen sind ganz schön dumm. Manche können nicht einmal schwimmen«, brummte der Krebs.

»Sie haben auch keine Flossen«, bemerkte ein Flundermädchen, das in der Schule gut aufgepasst hatte.

»Und sie werfen Sachen ins Wasser, die nicht hineingehören!«, rief ein altkluges Heringskind.

»Diese blaue Zunge zum Beispiel!«, sagte der Seestern und umschwamm den leicht vermoosten, blauen Badeschlappen, der zwischen zwei Steinen steckte.

»Das ist keine Zunge, das ist ein Menschenflossenschoner«, belehrte sie der Krebs.

»Menschenflossen heißen Hände oder Füße!«, rief das schlaue Flundermädchen. »Menschen haben auch keine Kiemen, sondern eine Nase.«

»Was du alles weißt«, staunte ein Zitteraal.

»Menschen haben auch keine Schuppen«, mischte sich das Heringskind wieder ein.

»Eben doch«, verbesserte sie das Flundermädchen. »Aber sie tragen sie auf dem Kopf oder auf der Haut. Sie sind allerdings eher hässlich und unbedeutend. Man sieht sie kaum.«

»He, seht mal, was da kommt!«, blubberte plötzlich die Scholle. Sie schielte überrascht auf die leere Ölsardinendose, die durch das Wasser heruntertrudelte und neben ihr auf dem Meeresgrund liegen blieb.

»Ein silbernes Schiff!«, rief ein winziger Stichling. »Es ist ganz klein. Bestimmt wächst es noch. Aber es hat das Maul weit aufgerissen. Seht doch bloß!« Der kleine Fisch war ganz aufgeregt. Bisher hatte er Schiffe nur von unten gesehen. Und die waren riesig und längst nicht so schön wie das kleine Silberschiff.

»Seid vorsichtig, Kinder! Damit ihr euch nicht verletzt!«, rief die Stichlings- mutter ängstlich. »Vor den Sachen, die von oben auf uns herunterfal- len, muss man sich in Acht nehmen. Die sind oft sehr gefährlich!«

»Stimmt!«, rief ein Seepferdchen. »Da kann man sich verletzen. Und das meiste kann man nicht essen. Auch wenn es schön bunt aussieht.«

»Manchmal ist es auch giftig!«, rief eine Qualle. Mit Gift kannte sie sich ein bisschen aus.

»Weißt du denn, was das ist?«, fragte die Scholle den Taschenkrebs. Der alte Krebs, der schon öfter an Land gewesen war, kannte sich mit der Welt über Wasser am besten aus.

»Das möchte ich nicht sagen, solange die Kinder in der Nähe sind«, brummte der Krebs und sah sich mit seinen Stielaugen um. Über seinem Kopf tummelte sich ein Schwarm kleiner Sardinen.

»Hat es mit ihnen zu tun?«, flüsterte die Scholle, die platt auf dem Boden lag.

»Hat es!«, sagte der Krebs und knabberte an einer Alge. »Mit Sardinen und mit Öl.«

Am Nachmittag kommt Jo auf dem Strandweg angeradelt.

»Hallo, Jo!«, ruft Leo und springt vergnügt auf ihn zu. »Geht es dir wieder gut? Klettern wir auf den Turm?«

»Klar«, sagt der Leuchtturmwärter. »Ich muss dringend die Anlage checken! Aber erst brauche ich einen Kaffee und ein Stück von Birtes Apfelkuchen!«

»Dann kannst du also wieder Süßes essen, ohne dass der Zahn wehtut?«, fragt Birte Jansen, die aus dem Haus kommt, um ihren Bruder zu begrüßen.

»Alles paletti«, versichert Jo.

Leo kann es kaum erwarten, bis Jo endlich mit dem Kaffeetrinken fertig ist.

»Du kannst schon mal den Rucksack voll Bücher packen, Leo«, sagt Jo und deutet auf den Bücherturm auf der Fensterbank. »Wir nehmen die alten Bücher mit hinauf in den Bücherturm und holen neue herunter.«

»Weißt du, dass das hier bei euch mein allerschönster Urlaub ist?«, sagt Leo zu Jo, während sie kurz darauf hintereinander die 196 Stufen zur Turmstube des Leuchtturms hochsteigen. »Der spannendste auf alle Fälle. Ich glaube, ich könnte mich von Geschichten ernähren!«

»Na komm, du Schlingel! Dann wollen wir gleich neue Bücher verschlingen«, sagt Jo. Lachend schließt er die Tür zur Turmstube auf.

Während Jo die Leuchtanlage kontrolliert, stöbert Leo im Bücherschatz. Einen ganzen Stapel Bücher hat er aufgetürmt, bis Jo mit der Arbeit an der Lichtanlage fertig ist.

»Willst du die alle mitnehmen?«, fragt Jo.

Leo nickt und packt die Bücher in den Rucksack.

»Halt, stopp! Mehr geht nicht rein«, warnt Jo. Aber da ist es schon zu spät. Der Reißverschluss platzt auf.

»Tut mir leid«, sagt Leo betroffen.

»Halb so schlimm«, brummt Jo. »An sich ist der Reißverschluss eine tolle Erfindung – wenn er nicht reißt. Ich glaube, da kenne ich eine passende Geschichte. Setz dich dort auf den Seesack. Dann les ich sie dir gleich vor!«

Der Leuchtturmwärter nimmt das oberste Buch aus dem Rucksack und liest Leo daraus die Geschichte von König Zipp von Zippelonien vor.

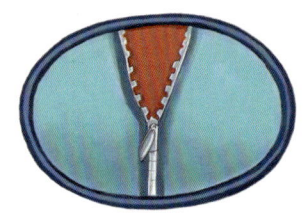

König Zipp von Zippelonien

König Zipp XIII. von Zippelonien lebte in Saus und Braus. Er hatte so viel Geld für schöne Kleider, schöne Möbel, schöne Schlösser und schöne Hofdamen ausgegeben, dass sein Finanzminister eines Morgens zur Audienz kam und mit Tränen in den Augen verkündete: »Majestät, wir sind pleite.«

»Was machen wir da?«, sagte König Zipp XIII. und kratzte sich verlegen hinter seinem Kragenknöpfchen aus Jade.

»Nun, wir sollten eine neue Steuer einführen. Dann kommt wieder Geld in die Staatskasse«, schlug der Finanzminister vor.

»Das haben Sie schon das vorige Mal vorgeschlagen, als wir knapp bei Kasse waren«, seufzte der König und grübelte dann laut vor sich hin: »Was gibt es denn noch zu besteuern? Wir haben neben den normalen Steuern schon eine Salzsteuer, eine Zuckersteuer, eine Schokoladensteuer, eine Hundesteuer, eine Katzensteuer, eine Tabaksteuer, eine Kaffeesteuer, eine Fenstersteuer, eine Türensteuer, eine Kutschensteuer, eine Hühnersteuer und eine Samt-und-Seide-Steuer eingeführt.«

»Nun, wir könnten eine Knopfsteuer einführen«, schlug der Minister vor.

»Eine Kopfsteuer?«, rief der König und legte die Hand ans Ohr, weil er glaubte, nicht richtig gehört zu haben. Was auch stimmte.

»Nein, eine Knopfsteuer«, korrigierte ihn der Minister. »Die Leute sind in letzter Zeit ganz wild auf diese Dinger: Knöpfe aus Silber, Perlmutt, Horn oder

Elfenbein. Bestimmt sind sie bereit, dafür ein paar Taler springen zu lassen. Dann wird sich unsere Staatskasse wieder füllen.«

»Keine schlechte Idee«, brummte der König. Dann ließ er seinen Staatsekretär kommen und diktierte ihm einen Erlass. Ab sofort sollte jeder Bürger von Zippelonien pro Knopf und Jahr einen Taler Knopfsteuer entrichten. Das gab ein Murren im Volk! Die Leute verwendeten von da an nur noch so viele Knöpfe, wie unbedingt nötig waren, um Hemden und Hosen zu schließen. Kein Wunder, dass

Hemdkragen platzten oder Hosen beim Rennen herunterrutschten, weil ein Knopf allein die Arbeit nicht mehr leisten konnte.

»So geht es nicht weiter«, murmelte Meister Elias, als ein Mann mit heruntergerutschter Hose am Fenster seiner Erfinderwerkstatt vorbeijagte. Er setzte sich an seine Werkbank, dachte ganz lange nach, probierte eine Weile hin und her und erfand schließlich den Reißverschluss. Diese geniale Erfindung von Meister Elias ruinierte zunächst fast den Staat. Es wurden kaum noch Knöpfe verkauft und die Knopfsteuereinnahmen schrumpften. Aber der Reißverschluss trat von Zippelonien aus seinen Siegeszug in die ganze Welt an. Er wird deshalb in manchen Ländern auch heute noch kurz *Zipp* genannt.

Zum Glück bewirkte die erfolgreiche Produktion der Reißverschlüsse einen Aufschwung der Wirtschaft Zippeloniens. Die normalen Steuern reichten wieder für den Staatshaushalt aus. König Zipp XIII. dankte ab, ehe er eine Reißverschluss-Steuer einführen konnte. Sein Sohn Zippelonius der Kleine und Sparsame war ein vernünftiger König, der auch ohne unsinnige Steuern den Staatshaushalt wieder in Ordnung brachte und lange Jahre friedlich regierte.

Leo hat es sich auf dem Seesack gemütlich gemacht und aufmerksam zugehört.

»Könige gibt es nur in Märchen, stimmt's?«, fragt er Jo, nachdem die Geschichte zu Ende ist.

»Solche wie König Zipp XIII. schon. Aber es gibt auch heute noch echte Könige. In England, Schweden, Holland oder Spanien zum Beispiel.«

»Und die Kinder von Königen heißen Prinz und Prinzessin«, sagt Leo. »Hast du von denen auch eine Geschichte?«

Der Leuchtturmwärter überlegt einen Augenblick. Dann nimmt er eines von den Märchenbüchern, schlägt das Inhaltsverzeichnis auf und sagt: »Da habe ich die Königskinder schon!«

Und dann liest er Leo die Geschichte vom Froschprinzen vor.

Der Froschprinz

Eines Morgens im Mai saß ein Frosch auf dem schneeweißen, königlichen Bettvorleger.

»Pfui, du garstiger Frosch!«, rief die Prinzessin, als sie ihn entdeckte.

»Lass mich in dein Bett. Mir ist kalt!«, bat der Frosch.

»Igitt! Bist du verrückt? Nie im Leben!«, rief die Prinzessin. Sie lehnte sich aus dem Bett, griff nach ihrem Pantoffel und warf ihn nach dem Frosch. Der Frosch hüpfte erschrocken ein Stückchen davon. Dann kam er wieder zurück und sah die Prinzessin aus traurigen Augen an.

»Fort mit dir oder du wirst es bereuen!«, schrie die Prinzessin wütend. Aber der Frosch ließ sich nicht einschüchtern. Hopp, hopp, hopp. Schon war er ganz nahe an der Bettkante. Da packte die Prinzessin den Frosch und warf ihn an die Wand! Glitschig und schlammig fasste sich der Frosch an! Die Prinzessin ekelte sich so sehr, dass sie einen Augenblick die Besinnung verlor. Prinzessinnen verlieren leicht die Besinnung vor Schreck. Deshalb passen ihre Kinderfrauen auch immer gut auf sie auf. Aber vielleicht ist es auch umgekehrt: Weil die Kinderfrauen immer alles Unangenehme von ihnen fernhalten, fallen Prinzessinnen so leicht in Ohnmacht. Doch das ist jetzt nicht wichtig, weil jetzt etwas viel Wichtigeres passierte. Als die Prinzessin ihre Augen wieder öffnete, stand vor ihrem Himmelbett ein wunderschöner Prinz. Er hatte einen grünen

Samtanzug mit Silberknöpfen an und in seinem Lockenkopf schimmerte ein Goldreif: seine Werktagskrone. Das erkannte die Prinzessin sofort. Die schweren Feiertagskronen tragen Könige und Prinzen bloß zur Krönung, zur Hochzeit und an anderen wichtigen Festtagen. Wer etwas anderes behauptet, der kennt sich nicht aus.

Die Prinzessin riss vor Staunen den Mund auf und wusste nicht, was sie sagen sollte. Erst der hässliche Frosch und dann dieser umwerfend schöne Prinz! Das bringt die stärkste Prinzessin aus der Fassung.

Der grüne Prinz sah die Prinzessin an und sagte: »Mir ist kalt! Darf ich zu dir in dein warmes Bett schlüpfen?«

»Wenn du die grünen Gummistiefel ausziehst«, sagte die Prinzessin. Es fiel ihr erst jetzt auf, dass die gar nicht zu seinem Samt-anzug passten.

So schlüpfte der Prinz aus den Stiefeln und zu der Prin-zessin ins Bett. Er kuschelte sich ganz fest an sie. Schließlich war er ja vorher in einem eiskalten Teich gewesen und musste sich wärmen. Warm und weich war das königliche Himmelbett und der Prinz wollte es gar nicht mehr verlassen. Sobald der Prinz und die Prinzessin sich warm gekuschelt hatten, schliefen sie ein.

»Am liebsten möchte ich immer in deinem Bettchen schlafen«, seufzte der Prinz am nächsten Morgen.

»Dann musst du mich heiraten«, sagte die Prin-zessin.

So wurde bald darauf ein großes Hochzeitsfest gefeiert. Mit einer Hochzeitstorte, die drei Meter hoch war, und einer riesigen Gartenparty, zu der die Prinzessin alle ihre Freundinnen einlud. Sogar die Kindergartenfreundinnen. Es wurde gelacht, gegessen, getrunken und getanzt. Und natürlich bekamen alle Schulkinder im Königreich eine Woche schulfrei.

»Ich werde abdanken. Unser Schwiegersohn soll das Reich regieren und unsere Tochter soll Königin sein«, sagte der König nach der Hochzeit zu seiner Frau, denn er liebte seine Tochter über alles. Er wäre froh, wenn er den Regierungskram und den Ärger mit seinen Ministern und Untertanen vom Hals hätte. Er wollte viel lieber angeln, Golf spielen und auf die Jagd gehen.

»Du wirst nicht abdanken!«, sagte die Königin. »Denkst du, ich will königliche Schwiegermutter werden und nach der Pfeife unseres Schwiegersohnes tanzen?«

»Wenn du meinst«, sagte der König nachdenklich. Er machte immer alles, was seine Frau sagte, denn sie war eine äußerst tüchtige Königin.

»Der Prinz kann sich ja inzwischen um wichtige Staatsaufgaben kümmern«, schlug die Königin vor. »Da wird zum Beispiel morgen früh das neue Einkaufszentrum eröffnet. Und nachmittags wird die neue Bahnstrecke nach Hinterkluftingen am Mors eingeweiht.«

Der König seufzte und gab die entsprechenden Anweisungen. Das ging eine Weile gut. Aber dann begann sich der Prinz zu langweilen.

»Immer nur allein herumreisen, Schiffe taufen, Brücken, Straßen und neue Schulen einweihen, das ist langweilig!«, beschwerte er sich bei seiner Frau und gähnte, ohne die Hand vor den Mund zu halten. »Könnten wir nicht zusammen einmal wieder ein richtig schönes, altmodisches Picknick auf einer Waldwiese machen?«

»Bist du verrückt? Ich habe keine Zeit«, rief die Prinzessin. »Sieh doch auf meinen Stundenplan: neun Uhr Maniküre, zehn Uhr Pediküre, elf Uhr Friseur, zwölf Uhr Fitnesstraining, ein Uhr Essen mit den Ministern aus Mombassa und ihren Frauen ...«

»Und wo ist Platz für mich?«, fragte der Prinz und zog einen Frosch-Flunsch.

»Nach dem Abendessen habe ich vielleicht ein bisschen Zeit«, sagte die Prinzessin und strich ihm zärtlich über die Wange.

Nach einem Jahr bekam die Prinzessin ein Kind. Es war ein Mädchen.

»Ich habe mir immer eine Tochter gewünscht«, sagte der Prinz. Er freute sich sehr.

»Jetzt wünsche ich mir noch einen Sohn, der genauso aussieht wie du«, sagte die Prinzessin.

Nach einem Jahr ging auch dieser Wunsch in Erfüllung. Jetzt hätten alle froh und glücklich sein müssen. Aber der Prinz sah seine Kinder selten.

»Ich möchte mein Kind füttern«, sagte er eines Morgens beim Frühstück.

»Dafür gibt es eine Kinderfrau«, antwortete die königliche Schwiegermutter.

»Ich möchte mit meinem Sohn Fußball spielen«, forderte der Prinz am Nachmittag.

»Das schickt sich nicht, dafür gibt es den königlichen Fußballtrainer«, sagte die Königin.

»Ich möchte für meine Kinder heute ein Gute-Nacht-Lied singen!«, bat der Prinz am Abend.

»Dafür haben wir unsere königlichen Hofsänger!«, antwortete die Königin.

Die Königskinder wuchsen heran. Sie kamen in die allerbeste Schule, denn sie sollten mal gute Könige und Königinnen werden.

Der Prinz wurde immer einsamer. Die Prinzessin sah er kaum noch. Sie kam nicht einmal mehr zum Frühstück, weil sie fasten musste, damit ihr die schicken Staatskleider passten.

So kam es, dass der Prinz ganz unglücklich wurde. Eines Nachmittags saß er am Froschteich.

»Manchmal wünschte ich mir, ich wäre wieder ein Frosch!«, murmelte der Prinz mit einem abgrundtiefen Seufzer. Das hörte eine Fee.

»Du musst deine Frau nur bitten, dass sie dich wieder an die Wand schmeißt!«, riet die Fee dem Prinzen.

»Ich bin doch viel zu schwer, das schafft sie nicht«, seufzte der Prinz.

Und dann geschah das Wunder doch. Es war ein Wunder, wie es eben nur in Märchen vorkommt. Als der Prinz drei Tage später von der Einweihung einer königlichen Molkerei von Kleineutersbach an der Brems nach Hause kam, war er sehr unglücklich. Er hatte nichts als Rindviecher gesehen und wollte gern mit der Prinzessin gemütlich zu Abend essen. Aber die Prinzessin hatte fürchterlich schlechte Laune.

»Immer willst du abends etwas essen! Ich bringe keinen Bissen herunter. Ich wiege drei Kilo zu viel!«, jammerte sie.

»Und ich war den ganzen Tag an der frischen Luft und habe großen Appetit! Du mit deinem Schlankheitsfimmel!«, klagte der Prinz und warf die königliche Waage aus dem Badezimmerfenster. Es schepperte und dann gab es einen schrecklichen Ehekrach. Die Prinzessin nannte den Prinzen einen langweiligen Naturburschen. Einen Nichtsnutz. Einen Fresssack. Der Prinz nannte die Prinzessin eine giftige Spinatwachtel, einen klapperigen Hungerhaken. Daraufhin nahm sie das in Silber gerahmte Foto des Prinzen, das auf dem Klavier im Musikzimmer stand, und warf es durch den Kronleuchter – an die Wand!

Da brannte die Sicherung durch.

Es wurde dunkel im Raum.

Als das Licht wieder aufflammte,
war der Prinz verschwunden.

Die Prinzessin hat ihn nie wiedergesehen!
Und der Prinz? Der lebt jetzt am Froschteich. Zusammen mit der
Fee, die eine Kröte ist. Man hört seine Stimme deutlich heraus beim
Froschkonzert. Und dort singt er sein Lied: »Quak, quak, quak, quak,
quakquikdiequak.«

Eine Libelle hat den Text übersetzt. Er lautet: »Lieber glücklich mit einer Kröte
als unglücklich mit einer Prinzessin.«

Und falls ihn kein Storch gefressen hat, dann lebt der Frosch heute noch dort
und quakt zufrieden sein Abendlied.

*»Na, da bin ich aber froh, dass ich kein Prinz bin«, seufzt Leo, nachdem die
Geschichte zu Ende ist. »Nichts darf man. Wie schrecklich!«*

*»Ja, es ist heutzutage auch nicht leicht, jemanden zu finden, der für den Job als
Prinz oder Prinzessin geeignet ist«, sagt Jo. »Das erfährst du, wenn du willst, in der
nächsten Geschichte.«*

»Klar, dass ich das hören will«, versichert Leo.

*Da setzt Jo wieder seine Lesebrille auf und liest Leo die Geschichte vor, die gleich
auf der nächsten Seite im Buch steht. Sie ist ein bisschen verrückt, genau wie die vom
Froschprinzen. Aber es ist eine Prinzessinnengeschichte.*

Prinzessin gesucht!

In einem kleinen, aber feinen Königreich war die Stelle einer Prinzessin zu besetzen. Die Königin war verwitwet und wollte abdanken, sobald sie die passende Frau für ihren Sohn Konstantin gefunden hatte. Deshalb ließ sie von ihrem Minister für Personalangelegenheiten folgende Anzeige in alle wichtigen internationalen Zeitungen und auch ins Internet setzen:

Prinzessin gesucht!
Hübsch und klug, mit einem Sinn für das Praktische
Näheres auf unserer Webseite: www.prinzessin-gesucht.kg
Unterlagen (mit neuestem Foto) sind einzureichen
im Königlichen Personalbüro: KG 22395 Königstadt, Palaststraße 17.

Es kamen Hunderte von Bewerbungen aus aller Welt. Der Personalminister wählte die hübschesten Mädchen aus.

»Typisch Mann«, tadelte ihn die Königin. »Hübsch allein genügt nicht. Sie muss auch klug, tüchtig und feinfühlig sein.«

»Machen wir den Erbsentest beim Casting«, schlug der Minister für Öffentlichkeitsarbeit vor. Er kannte sich aus. Denn er besetzte auch die Rollen in der Filmwirtschaft, die in dem kleinen, aber feinen Königreich eine so große Rolle spielte wie in anderen Königreichen Ölquellen oder Bergwerke, in denen man Diamanten fand.

»Was ist – Casting?«, fragte die Königin und guckte überrascht über den Brillenrand.

»So nennt man es heute, wenn man verschiedene Bewerber für eine Rolle ansieht und testet«, antwortete der Minister.

»Nun gut«, seufzte die Königin. »Ich bin mit diesen modernen Auswahlmethoden nicht so vertraut. Aber der Erbsentest – das ist eine uralte, bewährte Methode.«

Prinz Konstantin durfte bei der Auswahl der Kandidatinnen, die in die engere Wahl kamen, mitbestimmen. Wobei er sich, wie sein Minister und alle jungen und unerfahrenen Prinzen, vor allem von der äußeren Erscheinung leiten ließ.

Schließlich wurden siebenunddreißig Mädchen in den Palast eingeladen. Im großen Thronsaal wurde ein langer Laufsteg aufgebaut wie bei den berühmten Modeschauen in Paris oder bei der Wahl einer Schönheitskönigin. Das Fernsehen war auch eingeladen. Die geplante Sendung hieß KSDS (König sucht die Superprinzessin). Drei Tage dauerte es, bis alle Mädchen angereist waren. Sie waren ziemlich aufgeregt. Bis auf eine. Sie hieß Cordula und wollte eigentlich gar nicht Prinzessin werden, sondern viel lieber Hotelmanagerin oder Leiterin eines kleinen Familienunternehmens mit sieben Kindern. Aber ihre Freundin Aurelia hatte sie

überredet, auf die Reise in das kleine, aber feine Königreich mitzukommen, weil sie sich allein nicht traute. Während die anderen Mädchen aufgeregt ins königliche Fitnessstudio gingen, um zu trainieren und sich massieren zu lassen, lief Cordula unbekümmert am Strand entlang und sammelte Muscheln.

Auf einer Felsenklippe stand ein junger Fischer in zerrissenen Jeans und angelte. »Verflixt! Beißt denn heute keiner an?«, schimpfte er verärgert. Als er den Angelhaken beim nächsten Mal einholte, hing nur ein zerrissener Badeschuh dran.

»Nimm ein Stückchen gesalzenes Hühnerfleisch als Köder!«, rief Cordula ihm lachend zu. »Dann werden Fische anbeißen statt Schuhe!«

Verblüfft sah der junge Mann zu ihr hin, aber ehe er noch eine Antwort geben konnte, war sie verschwunden.

Cordula war oft mit ihrem Onkel, einem Fischer, zum Angeln aufs Meer gefahren und kannte sich deshalb mit Fischen gut aus. Als sie mit vom Wind zerzausten Haaren ins Schloss zurückkam, hatte sie den Vorfall schon vergessen.

Aurelia stürmte auf sie zu und sagte vorwurfsvoll: »Wie siehst du denn aus? Du hast für morgen keinen Friseurtermin gebucht!«

»Macht nichts«, sagte Cordula. »Ich wasche meine Haare selbst.«

Rund um das Schloss wimmelte es inzwischen von Fotografen und Journalisten. Auch die Fernsehteams aus aller Herren Länder waren inzwischen angereist. Sie filmten die Mädchen beim Fitness-Frühstück, bei der Morgengymnastik, bei der Kleiderprobe und beim Zähneputzen.

Endlich war der große Tag da. Während die anderen beim Friseur saßen, lief Cordula wieder am Strand entlang. Ihr dunkelblondes Haar hatte Naturlocken. Sie hatte es am Morgen frisch gewaschen und ließ es jetzt vom Wind trocknen.

Als sie an der Klippe entlangjoggte, saß dort wieder der Angler. Er hatte einen Korb neben sich, in dem Fische zappelten. »Danke für den tollen Tipp!«, rief er ihr zu. »Die Fische sind ganz wild auf meine Köder. Willst du mir nicht zusehen?«

»Nein, ich muss weiter. Ich habe heute noch eine Verabredung!«, rief sie nach einem Blick auf die Uhr. Es war höchste Zeit, dass sie zurücklief, denn sie hatte versprochen, ihrer Freundin Aurelia beim Ankleiden zu helfen.

»Durch den Hintereingang bitte«, sagten die Wachen am Palast, als Cordelia barfuß und zerzaust dort ankam, denn am Vordereingang war schon der frisch gesaugte rote Teppich ausgerollt.

»Da bist du ja endlich!«, rief Aurelia vorwurfsvoll, die sich gerade damit abmühte, die neunzehn kleinen Knöpfe auf dem Rücken ihres hautengen Silberkleides zu schließen. »So hilf mir doch! In einer Stunde geht es los!«

»Das schaffen wir doch leicht«, sagte Cordula und knöpfte mit flinken Fingern das Kleid zu. Dann lief sie ins Badezimmer und duschte. Anschließend schlüpfte sie in das schlichte, sonnengelbe Kleid, das sie sich für die Vorstellung ausgesucht hatte, und bürstete die frisch gewaschenen Haare. »Von mir aus kann's losgehen!«, rief sie vergnügt.

Die Prinzessinnenwahl begann pünktlich. Der Haushofmeister klopfte dreimal mit einem dicken, goldenen Stab auf das königliche Parkett. Dann öffneten sich die Flügeltüren zum Thronsaal und die Kandidatinnen liefen im Gänsemarsch mit Nummern über den langen Laufsteg, der direkt bis zum Thron führte.

Der Minister für Personalangelegenheiten und Fachleute vom Film und Fernsehen musterten die Kandidatinnen kritisch und verteilten ihre Punkte.

Schließlich kamen drei der Mädchen in die Endauswahl. Aurelia war leider nicht dabei. Sie vergoss in einer Ecke bittere Tränen. Cordula versuchte sie zu trösten, so gut sie konnte.

»Ich hätte gern noch die im sonnengelben Kleid dabei«, flüsterte der Prinz dem Minister für Personalangelegenheiten zu, der das Casting leitete. Er deutete auf Cordula, die einen Platz in der ersten Reihe der Zuschauer ergattert hatte, um ihre Freundin anzufeuern.

»Tut mir leid, das ist gegen die Regel«, sagte der Minister.

»Ich befehle es«, sagte der Prinz.

Murrend fügte sich der Minister den Anweisungen des zukünftigen Landesfürsten.

So kam es, dass Cordula zusammen mit den drei siegreichen Kandidatinnen am Abend in den etwas abseits gelegenen Sommerpalast der Königin gebeten wurde. Dort hatte man in Eile ein viertes Bett für den geplanten Erbsentest aufgebaut.

Die Königin empfing die vier Mädchen im Salon. Durch geschickte Fragen fand sie heraus, dass die modernen Mädchen sich bestens mit Computern, Videofilmen und Popstars auskannten, dass aber kaum eines von ihnen in der Kinderzeit Märchen gelesen hatte.

»Schade eigentlich, denn alte Märchen enthalten so viel Weisheit«, sagte die Königin und lächelte versonnen.

Jetzt wurde jedes der Mädchen in ein Zimmer gebracht, in dem ein Himmelbett mit sieben Matratzen stand. Jede bekam von der königlichen Kammerfrau ein Glas Tee und dann wurde ihnen ein Märchen als Gute-Nacht-Geschichte vorgelesen.

Nachdem sie in ihren hohen Betten lagen, kam die Königin persönlich, wünschte ihnen guten Schlaf und schöne Träume und machte das Licht aus.

Allerdings konnte die Königin in dieser Nacht selbst nicht besonders gut schlafen, wie meist bei Vollmond. Sie ging auf dem großen Balkon vor ihrem Schlaf-
gemach auf und ab und sah immer wieder zu den dunklen Fenstern der Gäste-
zimmer hinüber. Dort schlief ihre zukünftige Schwiegertochter! Sie hoffte, dass

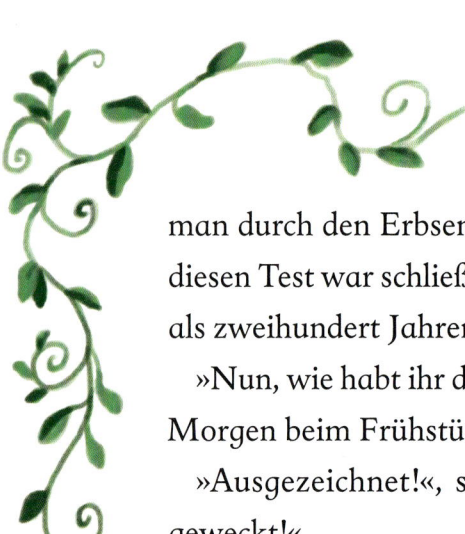

man durch den Erbsentest herausfinden würde, welche die Richtige war. Durch diesen Test war schließlich ihre berühmte Urururururgroßmutter Sophie vor mehr als zweihundert Jahren Königin des kleinen, aber feinen Königreiches geworden.

»Nun, wie habt ihr denn geschlafen?«, erkundigte sich die Königin am nächsten Morgen beim Frühstück.

»Ausgezeichnet!«, sagte die erste Kandidatin. »Mich hat erst der Hahn geweckt!«

»Wunderbar«, sagte die Zweite. »Mich weckte die Sonne, die direkt durchs Fenster auf mein Bett schien und mich an der Nase kitzelte.«

»Traumhaft!«, sagte die Dritte. »Ich habe so fest geschlafen, dass mich die Kammerfrau mit einem nassen Schwamm aufwecken musste.«

»Und du, mein Kind?«, fragte die Königin, weil Cordula keine Antwort gab.

»Nicht so besonders«, gestand Cordula ein bisschen verlegen.

»Und weshalb?«, erkundigte sich die Königin gespannt.

»Ich spürte so ein Drücken im Rücken. Deshalb konnte ich nicht einschlafen. Da bin ich aus dem Bett geklettert und es dauerte eine ganze Weile, bis ich die Ursache fand.«

»Na, und?«, rief die Königin und warf ihrem Sohn einen vielsagenden Blick zu.

»Es war eine höllisch harte Erbse unter der siebten Matratze«, sagte Cordula. »Ich habe sie auf die Fensterbank gelegt. Danach schlief ich wunderbar.«

Die Königin entschuldigte sich für die Unannehmlichkeit, nahm ihren Sohn beiseite und flüsterte zufrieden: »Sie ist es! Sie ist feinfühlig genug, um Königin zu werden! Und nicht nur das: Sie geht einem Problem auf den Grund und weiß es zu lösen!«

»Und sie weiß obendrein, wie man den richtigen Fisch angelt«, sagte der Prinz und lächelte versonnen. Er war mit der Wahl hochzufrieden.

»Wie meinst du das?«, erkundigte sich die Königin überrascht.

134

»Das ist mein Geheimnis«, antwortete der Prinz.

Erst am Tag nach der Hochzeit gestand Prinz Konstantin seiner Cordula, dass er der Fischer mit den zerrissenen Jeans gewesen war, dem sie geraten hatte, gesalzenes Hühnerfleisch als Köder zu nehmen.

»Eine Erbse als Köder für eine Prinzessin ist auch kein schlechter Tipp«, antwortete Cordula und zwinkerte ihm vergnügt zu.

Nach einem Jahr dankte die alte Königin ab und Prinz Konstantin und Prinzessin Cordula wurden König und Königin. Bald darauf wurde die alte Königin Großmutter von Drillingen. Zwei Mädchen und ein Junge. Sie ließ zwei erbsengrüne Taufkleidchen und einen winzigen, erbsengrünen Samtanzug für sie anfertigen. Während die Königskinder heranwuchsen, musste die alte Kammerfrau immer und immer wieder das Märchen von der Prinzessin auf der Erbse erzählen. Und noch viele andere der wunderbaren Geschichten aus dem dicken, alten Märchenbuch vorlesen, das in der großen königlichen Bibliothek des kleinen Königreiches wie ein kostbarer Schatz verwahrt wurde.

»Ich kenne das Märchen von der Prinzessin auf der Erbse«, sagt Leo. »Aber ich habe nie verstanden, warum die dumme Tante so ein Theater wegen einer Erbse macht! Ich finde es doof, wenn jemand so empfindlich ist.«

»Prinzessinnengeschichten sind wohl eher was für Mädchen«, sagt Jo und lacht.

»Hast du noch eine Jungsgeschichte? Eine Räubergeschichte vielleicht?«, erkundigt sich Leo.

»Klar. Ich glaube, da hab ich eine ganz besondere«, sagt Jo. Er zieht ein Buch mit Räubergeschichten aus dem Regal. Und dann liest er Leo die Geschichte vom Räuber Kalle Maloni vor.

Der Räuber
Kalle Maloni

Es war einmal ein Räuber, der hieß Kalle Maloni. Er war so oft eingebrochen, dass man ihn den Einbrecherkönig nannte. Schließlich wurde er aber doch von der Polizei erwischt und eingesperrt.

Kalle war jedoch nicht nur ein geschickter Einbrecher, sondern auch ein gewitzter Ausbrecher. Deshalb war er schon eine Woche später wieder auf freiem Fuß. Und das wollte er auch für die nächste Zeit bleiben. Deshalb durfte er sich beim Räubern nicht erwischen lassen!

Auf Zehenspitzen schlich Kalle Maloni am 8. März nachts zur Hintertür der Spielwarenhandlung *Kinderparadies*. Was er stehlen wollte, wusste er genau: eine elektrische Eisenbahn. Die sollte sein Sohn Jimmy am 9. März zum Geburtstag bekommen. Eine Minitrix mit Weichen und Stellwerk, wie er sie sich selbst immer gewünscht und nie bekommen hatte. Es ging allerdings gegen seine Räuberehre, einfach in einen Laden zu gehen und so eine Eisenbahn zu kaufen. Kalle Maloni grinste. Nein, die Eisenbahn sollte mit Liebe ausgesucht und geklaut sein, so wie es sich für einen Einbrecherkönig gehörte.

Er kramte sein Einbruchswerkzeug aus dem Räubersack, knipste die Taschenlampe an und machte sich an die Arbeit. Ein leises Klicken verriet, dass Kalle das Sicherheitsschloss des Lieferanteneingangs erfolgreich geknackt hatte. Vorsichtig schob er die Tür auf und drang in den Laden ein. Mit der Lampe leuchtete er die

Spielzeugregale entlang.

Der Lichtkegel weckte

Freddy Bär, der auf einem Regalbrett in der

Puppenabteilung saß. Seit sechzehn Wochen hockte er da wie in einem Gefängnis und langweilte sich. Endlich passierte etwas! Plötzlich war Freddy Bär hellwach. Gespannt beobachtete er den Mann mit der schwarzen Maske, der mit flinken Fingern die Ladenkasse ausräumte und dann in die Eisenbahnabteilung ging. Dort testete er eine halbe Stunde lang die Modelleisenbahnanlage, baute Gleise, Trafos und Weichen ab und packte alles in seinen großen Räubersack. Die Eisenbahnwagen und Loks wickelte er sorgfältig in Seidenpapier und legte sie obendrauf. Nachdem der Räuber mit seiner Arbeit fertig war, kam er bei Freddy vorbei. Freddy reckte sich, winkte mit der Plüschpfote und rief: »He du! Nimm mich mit!«

Erschrocken blieb Kalle Maloni stehen und murmelte: »Spinne ich, oder was? Dieser Bär hat doch soeben mit mir geredet?«

Er richtete den Lichtkegel seiner Lampe auf den Teddy.

»Das gibt's nicht!«, knurrte Maloni verblüfft. »Der sieht genauso aus wie der dämliche Teddy, den ich damals zum Geburtstag bekam, als ich mir dringend eine elektrische Eisenbahn wünschte! Ich glaube, ich werde alt und schrullig – Nö, nö! Bleib, wo du bist, du Plüschnase!«

Kalle riss die Tür sperrangelweit auf und verschwand in der Nacht.

Ein kühler Windzug strich um Freddys Ohren. Die Tür stand immer noch offen! Draußen lockten die Freiheit und das Abenteuer.

So eine Gelegenheit kommt nie wieder!, dachte Freddy Bär.

»Will einer von euch mit?«, rief er in die Dunkelheit hinein. Aber keines von den anderen Spielzeugtieren rührte sich. Alle schienen zu schlafen. Vielleicht stellten sie sich auch nur schlafend, weil sie Angst hatten wegzulaufen, dachte Freddy Bär. Er kletterte vom Regal und tappte auf die mondhelle Straße hinaus. In der Ferne sah er noch die Schlusslichter von Malonis schwarzem Porsche, der davonbrauste.

Freddy lief zur Notrufsäule an der Straßenecke am Park. Er kletterte hoch, drückte auf den Notrufknopf und rief: »Hallo, Polizei! Einbruch im Spielzeugparadies. Der Räuber ist in einem schwarzen Porsche geflohen!«

Und dann machte er sich endgültig auf den Weg in die Freiheit.

Er lief quer durch den Park. Die Luft war frisch und würzig. Er hüpfte und tanzte und sang. Als er müde wurde, legte er sich auf eine Parkbank und schlief ein bisschen.

Einbrecherkönig Kalle Maloni packte inzwischen zu Hause auf dem Dachboden seine Eisenbahn aus. Er legte sich auf die staubigen Holzdielen und begann mit der Eisenbahn zu spielen. Er musste schließlich erst selbst alles ausprobieren, ehe er seinen Sohn Jimmy damit spielen ließ!

Als Freddy Bär am nächsten Morgen auf der Parkbank erwachte, war er ganz nass vom Tau. Er schüttelte sich und ließ sein Fell in der Morgensonne trocknen. Dann joggte er den Parkweg entlang, bis er an die große Straße kam. Beim Überqueren entwischte er mit knapper Not einem schwarzen Porsche, der mit überhöhter Geschwindigkeit durch die Kurve flitzte. An seinem Steuer saß ein Mann mit schwarzer Schiebermütze, der zum Geburtstag seines Sohnes Jimmy fuhr. Aber das konnte Freddy nicht wissen.

»Fast wärst du zu Muuuuus geworden«, sagte eine Schnecke, die an einem Grashalm hing. »Bääären gehöööören nicht auf die Straße. Bääären gehöööören in den Bääääärenwald.«

»Wenn ich wüsste, wo der Bärenwald ist, wäre ich längst dort«, seufzte Freddy Bär. »Ich suche einen Platz, wo ich hingehöre.«

»Üüüüber die Brüüüücke und daaaann iiiimmer geradeaus. Nicht zu verfeeeehlen«, sagte die Schnecke gedehnt und kroch langsam weiter.

Als Freddy Bär die Brücke überquerte, entdeckte er in der Ferne tatsächlich einen Wald. Er rannte hin, so schnell ihn seine kurzen Beine trugen.

Mmh, schnupperte er. Es duftete nach Rinde, Moos und Laub. So gut roch es in keinem Spielwarenladen der Welt.

Während er über die Wiese am Waldrand lief, stolperte er über einen Haufen weicher, krümeliger Erde.

»He, hallo, vorsichtig!«, rief ein empörter Maulwurf. »Du rennst einen ja förmlich über den Haufen. Wo willst du denn hin?«

»Dahin, wo die echten Bären wohnen!«, schnaufte Freddy Bär.

»Dritter Baum links, vierter Baum rechts. Dann geradeaus bis zur Schlucht. Dort fließt der Bärenbach. Da treffen sich die Bären abends am Wasser.«

»Danke!«, rief Freddy Bär vergnügt. Er freute sich darauf, bei den echten Bären zu leben. Aber als er endlich dort ankam, war seine Enttäuschung groß.

»Was willst du denn hier bei uns, Plüschohr?«, spotteten die Bären aus dem Wald.

»Ich dachte, ich wollte, ich bin doch ein Bär ...«, stotterte Freddy.

»Du Strohkopf? Du Knirps? Du Glasauge? Hier bei uns? Nein, du passt nicht hierher. Außerdem riechst du gar nicht wie ein Bär. Wie könnten wir dich dann im Dunkeln erkennen? Geh dahin, wo du hergekommen bist.« Und dann verjagten sie ihn.

Freddy Bär war unheimlich enttäuscht. Er wollte keinesfalls zurück in den Spielzeugladen! Wenn er nicht zu den Bären im Wald gehörte, wohin gehörte er dann? Traurig trottete er den Weg zurück bis zum Stadtpark. Er setzte sich wieder auf die Bank und dachte angestrengt nach. Aber er war von seinem Abenteuer so müde, dass er darüber einschlief.

Freddy Bär erwachte erst, als ihn ein kleines Mädchen auf den Arm nahm und rief: »Genau so einen Teddy habe ich mir immer gewünscht!«

»Bestimmt hat ihn jemand verloren und vermisst ihn jetzt sehr«, sagte die Mutter des Mädchens. »Er sieht wie neu aus! Wir sollten einen Zettel an die Bank kleben, dass wir ihn gefunden haben.«

Niemand vermisste Freddy Bär. So durfte er bei dem Mädchen bleiben. Sie hieß Pauline und war sehr nett. Nachdem er frisch gewaschen worden war, durfte er im Puppenbett schlafen. Er freundete sich schnell mit den anderen Spieltieren und Puppen an, die in Paulines Zimmer wohnten, und erzählte ihnen von seinen Abenteuern. Dabei übertrieb er ehrlich gesagt ein bisschen.

Kein Wunder, dass ihn alle bewunderten, denn keiner von den anderen Spielsachen hatte je einen echten Bären, einen echten Maulwurf oder einen echten Einbrecher gesehen, nicht einmal die alte Puppe Anastasia, die aus dem fernen Russland kam.

Endlich wusste Freddy Bär, wo er hingehörte. Manchmal kam ein Nachbarjunge zum Spielen zu Pauline. Er hieß Jimmy Maloni und wollte immer mit Freddy Bär spielen. Eines Tages sagt er zu Pauline: »Ich mag deinen Teddy viel lieber als die elektrische Eisenbahn, die mir Papa zum Geburtstag geschenkt hat. Mit der spielt er nämlich immer selbst.«

Und weil Pauline zu gern einmal mit der elektrischen Eisenbahn gespielt hätte, lud Jimmy sie zu sich nach Hause ein. Freddy Bär durfte sie begleiten. Dafür sorgte Jimmy.

»Wir haben die Eisenbahn jetzt eine Weile ganz für uns allein«, sagte Jimmy stolz. »Papa ist nicht da. Mama hat gesagt, er macht eine lange Geschäftsreise nach Hintergittern. Dort ist es ziemlich kalt. Wir haben ihm heute ein Päckchen mit warmen Socken geschickt.«

»Das mit dem Urlaub hat Jimmys Mama nur erfunden. Stimmt's?«, fragt Leo. »Sie wollte Jimmy nicht sagen, dass sein Papa im Gefängnis ist.«

»Genau erkannt«, antwortete Jo. »Wenn er älter ist, wird sie es ihm sicher erklären ...«

Jo sieht auf die Uhr. »Ich glaube, so langsam sollten wir wieder nach unten klettern. Es gibt gleich Abendessen.«

»Darf ich noch das dicke Buch mit den Gespenstergeschichten mitnehmen?«, bittet Leo. »Ich liebe Gespenstergeschichten!«

»Du kannst ja wirklich nicht genug kriegen, Leo!«, sagt der Leuchtturmwärter und lacht vergnügt. »Aber du musst das Buch selbst tragen, es passt nicht mehr in meinen Rucksack.«

»Wer zuerst unten ist!«, ruft Leo und rennt mit dem Buch die Treppen hinunter. Jo nimmt den Rucksack mit den Büchern und folgt ihm auf den Fersen.

Es ist ein warmer Sommerabend. Birte Jansen hat im Garten eine Seemanns-Brotzeit hergerichtet. Leo schnappt sich ein Salamibrot und berichtet begeistert von den Geschichten, die er oben im Turm gehört hat: von Königen, Prinzen, Prinzessinnen und einem Räuber.

»Und das ist ein Buch mit Gespenstergeschichten!«, sagt er und legt das Buch auf den Tisch. Auf dem Umschlag ist ein Gespenst in einer Gondel abgebildet.

»Ein Gespenst in Venedig? Ich denke, die Geschichte möchten wir alle gern hören. Nachher, wenn es dunkel wird«, sagt Leos Mama.

»Dürfen wir auch zuhören?«, fragen die neuen Gäste am Nachbartisch. Sie haben einen kleinen Hund dabei und ein großes Mädchen, das fast so alt ist wie Leo. Es hat lange, dunkle Haare und braune Augen. Sie heißt Selina und gibt Leo die Hand.

»Gern. Wenn sich euer Hund vor Gespenstern nicht fürchtet?«, sagt Jo.

»Er ist ein sehr mutiger Hund«, versichert Selina.

Eine Stunde später sitzen alle unter den Lampions im Apfelgarten und hören gespannt zu, wie Jo die Geschichte von dem schottischen Gespenst vorliest, das große Sehnsucht nach Venedig hat.

Das Gespenst in der Gondel

Das kleine Schlossgespenst lebte nun schon über dreihundert Jahre auf dem Dachboden der alten Burg im schottischen Hochland. Es spukte, wenn es Lust dazu hatte, und dazwischen schlief es auch mal fünfzig oder hundert Jahre. Das war kein Problem.

Mit dem letzten Grafen verstand es sich besonders gut. Der studierte den lieben langen Tag in der Bibliothek und freute sich, wenn das kleine Gespenst ab und zu um Mitternacht dort auftauchte. Dann tranken sie ein Glas Buttermilch miteinander und der Graf hörte gespannt zu, was das Gespenst an interessanten Dingen von seinen Vorfahren erzählte.

Die Geschichte von der hübschen Gräfin Mara gefiel dem Grafen besonders. Die war eines Tages mit ihrem italienischen Klavierlehrer auf und davon, weil sie vom schottischen Nebel genug hatte. Das letzte Lebenszeichen von ihr war eine Postkarte aus Venedig gewesen. Auf der waren wunderschöne Häuser zu sehen und ein Kanal mit Gondeln drauf.

»Venedig, ach ja, Venedig!«, sagte der alte Graf, als er die vergilbte Karte in der Hand hielt. »Wie gerne würde ich einmal dort in der Gondel durch die Kanäle fahren.« Und dann schwärmte er von der berühmten italienischen Stadt, ihren Brücken und Wasserstraßen, der Sonne, den alten Palästen und den fröhlichen Menschen.

»Die Sonne reizt mich wenig. Gibt es dort auch Gespenster?«, erkundigte sich das kleine Gespenst eines Nachts.

»Hunderte«, behauptete der alte Graf. »Sie treffen sich um Mitternacht auf einer Brücke, die Seufzerbrücke heißt.«

»Klingt gut«, fand das kleine Gespenst. Und von da an begann die Sehnsucht nach der fernen Stadt Venedig auch in ihm zu wachsen. Denn es gab Nächte, da fühlte es sich sehr einsam auf dem Schloss.

Nachdem der alte Graf gestorben war, wurde das Schloss an einen reichen Mann verkauft, der ein Spukhotel daraus machen wollte.

Richtig ungemütlich wurde es im alten Gemäuer. Bald roch es überall nach Lack und Farbe. Wände wurden ausgebessert, Mauerritzen verputzt und neue Fenster eingesetzt. Wie sollte sich ein Gespenst da noch ungehindert bewegen? Nicht einmal durch ein Schlüsselloch konnte es schlüpfen, denn in die Türen wurden jetzt Sicherheitsschlösser eingesetzt, die nur ganz winzige Öffnungen hatten.

Aber das Schlimmste stand dem kleinen Gespenst noch bevor: Der neue Besitzer stellte Schauspieler ein, die nachts als Geister durch die Schlossgänge spuken sollten, um die Gäste zu unterhalten. Da beschloss das Gespenst auszuwandern.

Während sich die Kraniche im Herbst am Schlossteich versammelten, um in den Süden zu fliegen, ergab sich die Gelegenheit.

Das kleine Gespenst war so federleicht, dass es der Kranich, der es trug, auf seinem Rücken gar nicht spürte.

Eine abenteuerliche Reise begann.

Das kleine Gespenst sah staunend hinunter auf Felder, Wiesen, Wälder, Flüsse, Straßen und Städte. Wie groß die Welt war!

Ab und zu machten die Kraniche Rast. Es wurde wärmer und wärmer. Und dann kamen sie an das große Meer. Plötzlich lag Venedig unter ihnen. Eine Stadt mitten im Wasser, wie der alte Graf erzählt hatte.

Die Kraniche flogen weiter nach Sizilien. Das kleine Gespenst aber blieb in Venedig.

Um Mitternacht, während sich der Mond wie eine große, silberne Scheibe im Wasser spiegelte, schwebte es durch die Gassen der alten Stadt. Es duftete schön moderig aus den Kanälen und aus den Fenstern der alten Paläste. Aber wo waren die venezianischen Gespenster? Und diese Seufzerbrücke?

Der kleine Geist musste nicht lange suchen. Denn als die Uhr auf dem Glockenturm am Markusplatz Mitternacht schlug, hörte er lautes Seufzen und Stöhnen. Es kam von der Brücke, die den größten und schönsten Palast mit dem alten Gefängnis der Stadt verbindet. Und dann sah er sie auch, die Geister!

Aber was waren das für Gespenster! Bunt gekleidet waren sie, spielten auf Mandolinen und tanzten.

»Komm her und tanze mit!«, riefen sie und winkten von der Brücke.

Das ließ sich das kleine Gespenst nicht zweimal sagen.

»Woher kommst du?«, fragten die anderen neugierig.

»Aus Schottland!«, sagte das kleine Gespenst.

»Oh, genau wie Mara!«, rief ein Geist mit Maske. »Die könntest du ein wenig trösten, denn sie hat oft Heimweh!« Und dann winkte er ein junges Gespenst herbei, das in seinem durchsichtigen, weißen Gewand zart und zerbrechlich aussah.

Wenig später saß das kleine Gespenst neben der wunderschönen Gräfin Mara in einer Gondel. Sie fuhren im Mondschein durch die Kanäle.

»Wenn das der alte Graf wüsste!«, seufzte der kleine Schlossgeist. »Das hat er sich immer gewünscht.« Und dann erzählte er Mara von der alten Postkarte und noch viele andere Geschichten aus ihrer schottischen Heimat.

Die beiden Gespenster freundeten sich an. Sie schwebten von da an jede Nacht gemeinsam durch die Gassen der alten Stadt und zogen schließlich gemeinsam in einen schönen, alten, moderigen Palast. Und wenn sie von dort nicht vertrieben worden sind, dann spuken sie heute noch um Mitternacht glücklich durch die Straßen von Venedig und seufzen hier und da auf der Seufzerbrücke – vor Glück.

Alle haben sich von der Geistergeschichte verzaubern lassen, auch die neuen Gäste.

»Das war schön! Wir waren nämlich in Venedig auf Hochzeitsreise«, verrät ein junger Mann, der mit seiner Frau in der Gartenschaukel sitzt. »Dürfen wir bei der nächsten Geschichte auch zuhören?«

Jo hat nichts dagegen.

»Ihr Bruder hat eine sehr schöne Stimme«, findet Selinas Mama.

»Früher hat Jo im Radio Geschichten für Kinder vorgelesen«, verrät Birte Jansen stolz.

Selina geht zu Jo, zupft ihn am Ärmel und sagt leise: »Hast du noch eine Gespenstergeschichte für uns?«

»Mal sehen«, antwortet Jo und blättert in dem Gespensterbuch, das Leo in der Turmstube ausgesucht hat.

»Es ist lange her, seit uns vorgelesen wurde«, sagt eine der beiden Holländerinnen, die am Nachmittag neu angekommen sind. »Dürfen wir auch zuhören?« Sie rücken ihre Gartenstühle näher heran.

»Und mir ist noch nie richtig vorgelesen worden«, sagt der amerikanische Austauschstudent Ben, der bei Birte Jansen in den Ferien als Kellner jobbt. »Ich kenne nur Hörbücher.«

»Also eine Gespenstergeschichte?«, fragt Jo und sieht in die Runde.

»Oh ja, bitte!«, ruft Leo.

»Und es darf richtig gruselig sein?«

»Gruselig ist megacool!«, versichert Selina.

Jo nimmt noch einen Schluck Apfelschorle und dann entscheidet er sich für eine weitere Spukgeschichte aus Schottland.

149

Spuk bei Gräfin Wigglemore

Mick, der schottische Schlossgeist, war so winzig, dass man aus einem Taschentuch bequem zwei Geisterhemden für ihn schneidern konnte. Darunter litt er sehr. Kein Mensch fürchtete sich vor ihm.

Nicht einmal die alte Gräfin Wigglemore hatte Angst vor ihm. Und dabei fürchtete sie sich doch so ungefähr vor allem. Vor Husten, Schnupfen, kalten Füßen, Mäusen, Spinnen, Rinderwahn, Übergewicht, Mücken und Einbrechern. Sogar vor Fernsehkrimis.

Abends musste Butler Charles die Schlosstore verrammeln, damit keiner hereinkam. Ehe die Gräfin über eine kleine Trittleiter in ihr altmodisches Himmelbett kletterte, schob sie die Nachtkommode vor die Tür. Vor den vergitterten Fenstern hingen obendrein Fliegengitter.

»Es muss mir doch gelingen, dieser ängstlichen Spinatwachtel wenigstens einen winzigen Schrecken einzujagen, huhuhuu!«, heulte Mick ärgerlich, nachdem er wieder einmal vergeblich versucht hatte sie zu erschrecken.

Und weil einen echten Geist weder Fliegengitter noch verrammelte Türen abhalten können,

150

schwebte Mick um Mitternacht in die Bibliothek, wo die Gräfin vor dem Kamin saß und in einem alten Fotoalbum blätterte.

Mick plusterte sich auf, schwebte vor der Gräfin auf und ab und machte schließlich so viel Wind, dass die Kerzen auf dem Leuchter erloschen. Das muss die Alte doch erschrecken!, dachte Mick.

Doch die Gräfin klingelte nach dem Butler und klagte: »Mach die Tür zu, Charles! Es zieht!«

Aber es kam noch schlimmer. Beim jährlichen Gespenstertreffen im schottischen Hochmoor erhielt Mick eine ernste Ermahnung.

»Mick von Wigglemore, wenn du nicht bald die Gräfin so erschreckst, dass sie kreischt, werden wir dir die Erlaubnis zum Geistern entziehen«, sagte Wobble, der oberste Geisterboss.

»Was soll dann aus mir werden?«, erkundigte sich Mick kleinlaut.

»Dann werden wir dich in eine alte Whiskyflasche einsperren und im gräflichen Keller so lange lagern lassen, bis du älter und reifer geworden bist!«, grinste der fünfhundertjährige Kellergeist.

Ziemlich betrübt schwebte Mick in dieser Nacht nach Hause.

»Was ist denn mit dir los?«, erkundigte sich eine Stimme aus der Dunkelheit, nachdem er in die Turmkammer zurückkam und heulte. Es war die Spinne Aurelia, mit der er sich seit einiger Zeit angefreundet hatte. Sie war noch kleiner als er. Aber sie hatte ein großes Herz. Er erzählte Aurelia von seinem Kummer.

»Die Gräfin zum Kreischen bringen? Wenn's nichts Schlimmeres ist«, kicherte Aurelia. »Da will ich dir gern helfen!«

Sie deutete auf eine kleine Hängematte aus Spinnweben, die in einem Winkel des Dachbalkens hing, und sagte: »Mick, ärgere dich nicht! Die Geisterstunde ist längst vorbei. Leg dich in die Hängematte. Wenn du ausgeschlafen hast, sieht die Welt ganz anders aus. Ich habe da einen Plan ...«

Kurz vor Mitternacht, als Mick aufwachte, zerrte die Spinne mit ihren acht Beinchen an seiner Hängematte und drängelte: »Nun komm schon, Mick! Verpenn bloß nicht die Geisterstunde!«

Mick rieb sich die Augen und brummte verschlafen: »Wie, was, wohin? – Ach, es hat doch sowieso alles keinen Sinn!«

»Mir nach!«, befahl die Spinne. Sie trippelte in das gräfliche Schlafzimmer und sagte: »Du bist zwar klein, aber stärker, als du denkst, Mick! Schlüpf in das gräfliche Nachthemd. Es ist aus Seide und nicht sehr schwer. Sobald die Gräfin die Bettdecke hochhebt, schwebst du an die Decke. Das ist alles. Den Rest erledige ich.«

Mick schwebte aufs gräfliche Himmelbett und kroch unter die Decke.

»Hoffentlich kommt sie bald! Da kriegt man ja kaum Luft!«, japste er. Gelegentlich kam es vor, dass die Gräfin ihre Lesestunde bis weit nach Mitternacht ausdehnte. Aber Mick hatte Glück.

»Sie kommt!«, wisperte Aurelia und kroch neben Mick unter das Nachthemd.

Man hörte schlurfende Schritte. Die Tür ging auf. Der Butler stellte den brennenden Kerzenleuchter auf den Nachttisch und wünschte eine angenehme Nachtruhe, ehe er verschwand. Die Gräfin legte Brille, Ringe, Uhr, Kette und Zähne ab und ging ins Badezimmer. Nachdem sie zurückkam, hob sie das Federbett hoch und griff nach ihrem pinkfarbenen Seidennachthemd. Als sie die Spinne darunter erblickte, ließ sie es mit einem Aufschrei wieder fallen. Das Hemd erhob sich wieder. Es schwebte wie eine rosa Wolke über ihrem Bett und heulte.

»Hiiiiilfe! Spinnenmonster! Gespenster!«, kreischte Gräfin Wigglemore und floh aus dem Zimmer.

»Das dürfte genügen!«, kicherte Aurelia zufrieden. »Und einen Zeugen haben wir auch!« Sie deutete auf die Geistereule, die auf der Gardinenstange gesessen und alles beobachtet hatte. Jetzt drehte sie den Kopf um einhundertachtzig Grad, blinzelte und flog durch das geschlossene Fenster in den dunkelblauen Nachthimmel hinaus.

»Sie wird bestimmt dem geheimen Geisterrat von deinem tollen Spukeinsatz berichten«, vermutete Aurelia.

»Das war supercool!«, rief Mick erleichtert. »Tausend Dank!«

»Keine Ursache«, sagte Aurelia. »Kleine Leute müssen zusammenhalten. Das ist eine alte Lebensweisheit.«

Selina hat sich die ganze Zeit eng an ihre Mama gekuschelt.

»Das war spannend«, sagt sie leise.

Auch ihren Eltern, dem Studenten Ben und den beiden Holländerinnen hat die Geschichte gefallen.

»Liest du noch eine Geistergeschichte, Jo? Bitte, bitte!«, drängelt Leo.

»Ja, bitte!«, rufen auch die anderen Gäste.

»Na gut«, seufzt Jo und schlägt das Geisterbuch noch einmal auf. »Wenn ihr alle so gruselfest und unerschrocken seid ... Dann lese ich mal die Geschichte vom kleinen Gespenst Amadeus, das unbedingt sein Gruseldiplom machen wollte.«

Das Gespenst Amadeus sucht einen Job

»Ich habe keine Lust mehr!«, rief das kleine Gespenst Amadeus. »Ich mag nicht länger auf moorigen Wiesen und in langweiligen Klosterruinen herumspuken. Ich will in die weite Welt!«

»Such dir eine Stelle als Schlossgespenst«, riet ihm seine Cousine Vanessa, die als bleiche Nonne im Kloster spukte. Aber die Plätze für Schlossgespenster waren seit elf Jahrhunderten vergeben. Und neue Schlösser wurden nicht gebaut.

»Wie wär es mit einem Job in der Geisterbahn? Irgendwo auf einem Rummelplatz? Ich kannte da mal einen kopflosen Ritter, der war hellauf begeistert davon«, schwärmte Vanessa bei ihrem nächsten Treffen. Aber die Jobs in den Geisterbahnen waren alle schon von Monstern, Drachen, Aliens, Dinosauriern und anderen Ungeheuern besetzt, die viel schrecklicher aussahen als das kleine Gespenst.

»Wenn man sich etwas ganz doll wünscht, dann muss man auch etwas dafür tun«, sagte Vanessa. »Lies doch mal die Stellenanzeigen in der Wochenendausgabe der *Europäischen Geisterpost*!«

Eines Nachts, während das kleine Gespenst im Nebel über die Seerosen auf dem Klosterteich schwebte, entdeckte es eine Zeitung im Papierkorb neben der Parkbank. Es war das *Aktuelle Knochenblatt*. Das kleine Gespenst erinnerte sich an den Rat seiner Cousine. Es nahm die Zeitung, schwebte unter die Laterne und studierte die Stellenanzeigen.

Nun, da gab es eine Menge Jobs. Es wurden Parkwächter, Küchenfeen, Maler, Computerfachleute, Babysitter und Hundeausführer gesucht. Aber das waren alles Arbeiten, die man bei Helligkeit ausüben musste. Das kleine Gespenst jedoch suchte eine Arbeit im Dunkeln, weil es so empfindliche Augen hatte. Platzanweiser im Kino vielleicht? Halt, nein! War das die Möglichkeit? Da stand tatsächlich: *Gespenst mit Gruseldiplom für Geisterbahn gesucht!*

Daneben stand eine Telefonnummer. Amadeus riss die Anzeige heraus und steckte sie in die Geisterhemdtasche. Doch dann wurde er traurig. Woher sollte er so schnell sein Gruseldiplom nehmen?

Aber auch hier hatte seine Cousine Vanessa einen guten Rat.

»Es gibt Wochenendschnellkurse auf Schloss Gripsholm. Wenn du willst, werde ich dich dahin begleiten«, sagte sie.

»Das würdest du wirklich tun?«, fragte Amadeus.

»Klar!«, sagte Vanessa. »Man kann nie genug lernen. Ich melde uns an.«

Schon die Reise nach Gripsholm war ein Abenteuer. Erst die lange Wolkenreise bis Schweden. Und dann die nächtliche Überfahrt durch die Nebelschwaden über dem See! Teilnehmer, die sich fürchteten, kamen gar nicht erst auf der Geisterinsel an. Das war die erste Geisterprobe. Schloss Gripsholm war als sehr strenge

Geisterschule bekannt. Die Lehrer hießen Sugo, Tortellini und Ossobuco. Sie stammten aus Pisa und hatten seit Jahrhunderten nichts anderes getan als Diplom-Geister ausgebildet.

Vieles, das auf dem Übungsplan stand, konnten Amadeus und Vanessa schon. Zum Beispiel das Schweben, Flattern, Kettenrasseln, Heulen und Zähneklappern.

Aber sie lernten noch das Lautlos-leise-Spuken, das Durch-die-Wand-Gehen, das Gänsehaut-Erzeugen, das Haare-zu-Berge-Stehen-Lassen, das Verwandeln und das innere Leuchten.

Die Zeit verging wie im Fluge. Am Prüfungstag waren alle sehr aufgeregt.

Vanessa bestand alle Prüfungen auf Anhieb. Sie war ja auch einen Kopf größer und hundert Jahre älter als Amadeus.

»Hilfst du mir?«, flüsterte Amadeus. »Ich habe solche Angst, dass ich mir beim Durch-die-Wand-Gehen den Kopf zerbreche.«

»Na klar helfe ich dir!«, kicherte Vanessa. »Ich werde auf der anderen Seite stehen und dich mit meinem Geisterhemd auffangen!«

Das gab Amadeus so viel Selbstvertrauen, dass er auch den letzten, schwierigen Teil der Prüfung bestand.

Am Sonntag um Mitternacht wurden die Gruseldiplome verteilt. Gleich danach schwebten Vanessa und Amadeus in die alte Klosterruine zurück.

»Morgen bewerbe ich mich bei der Geisterbahn!«, sagte Amadeus, als er bei Tagesanbruch in sein Gespensterbett im dunklen Turmkeller schlüpfte.

»Ich wünsche dir viel Glück, lieber Amadeus!«, rief Vanessa und verschwand im Moor.

Der Job in der Geisterbahn war tatsächlich noch zu haben!

Und das Gruseldiplom öffnete ihm die Tür zum Jahrmarktbüro des Direktors, gleich neben der Geisterbahn. Es war für den Geisterbahnchef allerdings erst schwer zu begreifen, dass Amadeus ein echter Geist war, den man bei Helligkeit nicht sah. Als er dann das Licht im Büro ausmachte, rief er begeistert: »Ein echter

Geist! Wie aufregend. Wir brauchen Fachleute. Unser Publikum ist anspruchs-voll. Und du bist verwandlungsfähig?«

»Meine Spezialität«, versicherte Amadeus und deutete auf sein Gruseldiplom. »In dem Fach Verwandlung hatte ich eine eins!«

»Dann kannst du gleich als Dr. Frankenstein anfangen«, freute sich der Geis-terbahnchef.

»Meine Traumrolle!«, rief Amadeus. Seine Augen leuchteten phosphorgrün vor Glück. Und dann lief er – geradewegs durch die Bürowand – in die Geisterbahn hinein.

Gerade in dem Moment, als Jo das Wort Geisterbahn ausspricht, zuckt ein Blitz über den Himmel. Ein Donnerschlag folgt. Keiner hat bemerkt, dass inzwischen pechschwarze Wolken den Abendhimmel gespenstisch verdunkelt haben.

»Ein Sommergewitter! Es war im Wetterbericht angekündigt«, beruhigt Jo seine Zuhörer. Und da pladdert der Regen auch schon auf die Blätter der Apfelbäume und auf ihre Köpfe. Alle raffen hastig ihre Sachen zusammen und laufen zum Hotel.

»Die Bücher! Hast du die Bücher, Jo?«, ruft Leo.

»Keine Sorge. Die habe ich als Erstes unter meine Jacke gesteckt!«, versichert Jo und rennt ins Haus.

»Haptschi!«, niest Birte Jansen.

»Du hättest eine Jacke anziehen sollen! Hoffentlich hast du dich nicht erkältet«, sagt Jo besorgt, während er neben seiner Schwester den Frühstücksraum des kleinen Hotels betritt.

»Keine Sorge, Bruderherz. Ich mache mir schnell noch einen heißen Honigtee. Morgen ist alles gut!«

Das ist leider ein Irrtum, denn Birte Jansen bekommt einen heftigen Schnupfen. Deshalb hält sie sich am nächsten Tag ein wenig abseits von den anderen, um sie nicht anzustecken.

»Ja, das mit dem Schnupfen ist so eine Sache«, brummt Jo, während er am nächsten Morgen dabei hilft, den Gästen das Frühstück zu servieren. »Der Schnupfenvirus nähert sich genauso unsichtbar wie ein Gespenst.«

Und weil es draußen immer noch feucht und unfreundlich ist, verspricht er Leo und Selina eine Vormittagsvorlesestunde. Da kein Strandwetter ist, bleiben auch die Katze Kleopatra und einige der anderen Gäste im Frühstückszimmer und hören gespannt zu, während Jo die Geschichte vom verschnupften Turmgespenst vorliest.

159

Das verschnupfte Turmgespenst

Seit langer Zeit wünschten sich die Zwillinge John und Betty Miller nichts anderes, als endlich mal ein echtes Gespenst zu sehen. Mr Miller beschloss, seinen Kindern diesen Herzenswunsch zu erfüllen. Aber in ganz New York war leider kein Gespenst aufzutreiben.

»Die besten Spukschlösser gibt es in Schottland!«, versicherte die freundliche Dame im Reisebüro *Dreamtours*. Daher machten sich die Millers in den Sommerferien auf die Reise.

Ein Taxi brachte sie, nach einem langen Flug von New York nach Edinburgh, ins schottische Hochland.

»Da ist Ihr Spukschloss!«, sagte der Taxifahrer und zeigte auf eine Burg mit Zinnen und Türmen, die jetzt in der Abendsonne vor ihnen lag. »Dort im Gespensterturm spukt der Durchsichtige Kuno.«

»Der sieht ziemlich harmlos aus«, sagte John enttäuscht.

»Spukt es da wirklich?«, erkundigte sich Betty.

»Keiner in der Gegend würde freiwillig dort übernachten!«, versicherte der Taxifahrer, gab Gas und fuhr schnell davon.

Der Schlossherr begrüßte die Gäste aus Amerika persönlich.

»Unser Knappe Kuno ist zuverlässig. Er spukt seit fünfhundert Jahren in unserem Schloss! Als Strafe dafür, dass er damals die hübsche Tochter des Schlossherrn aus dem schottischen Nebel ins sonnige Andalusien entführt hat.«

»Die Dame im Reisebüro hat uns davon erzählt«, nickte Mrs Miller.

»Hoffentlich stimmt es auch«, brummte Mr Miller. »Schließlich haben wir für diesen Schlossgeist teuer bezahlt.«

»Die besten Spukzimmer sind hier im Turm«, erklärte der Schlossherr und sperrte das verrostete Schloss auf. Die Tür öffnete sich knarrend.

»Ich kann es gar nicht erwarten!«, rief John und stürmte die Treppe hoch.

»Frechheit! Könnte dir so passen!«, fauchte Kuno, der vom Turmfenster aus die Worte des Schlossherrn belauscht hatte. »Ausbeuter, Ganove! So weit kommt es noch, dass ich gegen Bezahlung spuke!«

Wütend schwebte er aus der Fensternische und drehte einige Loopings um den Schlossturm. Die Eule und der Turmfalke sahen ihm verwundert nach.

»Was er nur hat, unser Kuno? Sieht ja aus, als wäre er total aus dem Häuschen«, staunte die Fledermaus.

»Er wird sich wieder beruhigen«, sagte die Eule zuversichtlich und sah hinüber zu Kuno, der jetzt beleidigt auf dem Turmdach saß.

Als die Turmuhr Mitternacht schlug, warteten die Millers vergeblich auf die Geisterstunde. John und Betty hatten extra den Wecker auf 24 Uhr gestellt. Jetzt standen sie am Fenster und spähten neugierig hinaus. Ein Geist war nirgends zu entdecken. Der Vollmond ging über dem Wald auf und tauchte alles in ein gespenstisches Licht. Aber der Durchsichtige Knappe Kuno spukte nicht!

Schmollend hockte Kuno auf dem Zackenrand der Zinnen und murmelte: »Ein anständiger Geist lässt sich doch nicht für Geld verkaufen!«

Kurz nach Mitternacht verdunkelten Gewitterwolken den Mond. Regen prasselte herunter. Dem Durchsichtige Kuno fröstelte. Aber er blieb trotzig auf der Turmkante hocken. Er dachte nicht daran, dem Schlossherrn den Gefallen zu tun, als Ferienbelustigung für seine Gäste zu spuken!

»Krah!«, krächzte der Turmfalke und umkreiste elegant den Turm. »Du wirst dich erkälten, Durchsichtiger Kuno. Warum spukst du nicht drin in den Turmzimmern, wie sonst auch?«

»Weil ich ein Geist bin und kein Zirkusclown!«, rief der Durchsichtige Kuno und klapperte zornig mit den Zähnen. »Hatschi!«

»Du, John! Das klang eben, als hätte draußen vor dem Fenster jemand geniest«, sagte Betty als sie wieder in ihre Himmelbetten krochen.

»Das bildest du dir bloß ein«, brummte John und machte enttäuscht und genervt das Licht aus.

»Kein Geist weit und breit!«, beschwerten sich die Millers am nächsten Morgen beim Schlossherrn. »Ist das mit Ihrem Spukschloss Schwindel?«

»Verstehe ich nicht! Der Durchsichtige Kuno spukt sonst immer«, versicherte der Schlossherr verwirrt. »Haben Sie wenigstens gut geschlafen?«

»Das schon. So gut wie lange nicht. Aber unsere Kinder wollten ein echtes Gespenst sehen und jetzt sind sie total enttäuscht«, sagte Mr Miller. »Schließlich haben wir eine weite Reise deswegen gemacht. Wir werden uns beim Reisebüro *Dreamtours* beschweren!«

»Das tut mir leid«, seufzte der Schlossherr. »Bestimmt klappt es heute Nacht.«

»Was machen wir so lange?«, nörgelte John.

»Wir erholen uns«, sagte seine Mama.

»Wir gehen angeln «, schlug Johns Papa vor.

»Angeln und erholen finde ich doof«, maulte Betty.

Der Durchsichtige Kuno war wirklich total verschnupft. Er hatte sich auf der kalten Turmmauer höllisch erkältet. Jetzt lag er in einem alten Eichensarg, den vor vielen Jahren einmal ein Vampir bewohnt hatte, und hustete und schniefte.

»Schrecklich!«, beschwerten sich die Fledermäuse in der Gruft. »Die Ohren tun einem weh von der Husterei. Kannst du nicht wieder spuken gehen, wie früher?«

»Nein!«, schnaubte Knappe Kuno trotzig. »Ich spuke doch nicht für Geld! Ich streike!« Er drehte sich auf die andere Seite und klappte den Sargdeckel zu.

Ein paar Tage später segelte der Turmfalke durch das Fenster der Gruft. Er brachte keine guten Nachrichten.

»Im Burghof hat sich der Schlossherr gerade mit dem Vertreter einer Telefonfirma unterhalten. Er sagt, er lässt den Turm abreißen und einen modernen Funkturm mit Satellitenantennen bauen, wenn es im Schloss nicht mehr spukt. Man hat ihm viel Geld dafür geboten.«

»Soll er doch«, brummte der Durchsichtige Knappe Kuno.

»Möchtest du in einem ungemütlichen Funkturm hausen? Das ist doch kein Leben für ein Gespenst!«, sagte der Falke zu Kuno.

»Ich kann nicht spuken, selbst wenn ich wollte«, flüsterte der Durchsichtige Knappe Kuno heiser. »Ich kann nicht mehr heulen. Meine Stimme ist weg!« Er hustete hohl.

Der Turmfalke rief am nächsten Abend auf der Schlosstreppe alle Tiere zusammen, die im Turm wohnten. Es kamen Fledermäuse, Spinnen, Kakerlaken, Kröten, Silberfischchen, Flöhe, Tauben, Nachtfalter, Kellerasseln und Mistkäfer. Dazu noch die Mäuse aus den Kellerlöchern und die Eule, die ganz oben im Dachgebälk hauste.

»Der Schlossherr wird den Turm abreißen, wenn Kuno nicht mehr spukt!«, berichtete der Falke.

»Der Turm muss bleiben!«, fiepten die Fledermäuse.

»Kuno muss spuken!«, piepsten die Mäusemädchen.

»Sonst werden wir alle heimatlos!«, sagten die Kakerlakenkinder.

»Er kann nicht mehr heulen«, seufzte der Turmfalke.

»Ich habe eine Idee«, sagte die Eule. »Wir gründen ein Spuk-Team und werden Kuno helfen!«

Die Eule flog schnurstracks zum Durchsichtigen Kuno, um ihm zu erzählen, was bei der Beratung auf der Schlosstreppe herausgekommen war.

»Schuhu! Hör zu! Die Turmtiere haben beschlossen dir zu helfen«, rief die Eule. »Ich werde für dich heulen. Die Fledermäuse wollen den Gästen um die Ohren flattern, die Spinnen überall ihre Netze aufhängen, die Mäuse um ihre Beine huschen ...«

»Klingt gut«, hauchte der Durchsichtige Kuno. »Und wann soll es losgehen?«

»Morgen Nacht«, sagte die Eule. »Wir können es kaum erwarten.«

»Heute reisen wir ab«, sagte Johns Papa am nächsten Morgen entschlossen.

»Es gibt keine Geister«, murmelte Betty. »Alles Lügen!«

»Nur noch eine Nacht«, bettelte John.

»Na gut. Auch wenn es keinen Sinn hat!«, seufzte Mr Miller.

»Alles Schwindel vom Reisebüro *Dreamtours*, um Kunden anzulocken«, schimpfte seine Frau.

»Nun ja, Geister hin, Geister her, wir haben uns prächtig erholt«, lenkte Mr Miller ein.

»Aber dafür hätte ich nicht so weit wegfahren müssen«, beklagte sich Mrs Miller und packte schon mal die Koffer.

In der Nacht wurden die Millers von einem schaurigen Heulen geweckt. Schatten schwebten durchs Zimmer und vor dem Fenster klopfte und rauschte es. John schlüpfte rasch ins Bett seiner Eltern. Und dann kam auch Betty, obwohl sie sonst immer so mutig tat! John kuschelte sich an seine Mutter, als die Eule zu heulen anfing.

»Hilfe!«, rief Betty, als die Fledermaus über ihnen kreiste, und zog die Bettdecke über ihren Kopf.

»Jetzt habt ihr doch, was ihr wollt«, sagte Mr Miller. »Jetzt seht es euch auch an!« John riskierte als Erster einen Blick.

»Mann! Das ist cool!«, rief er, als er den Durchsichtigen Kuno erblickte, der wie eine gläserne Gestalt durch den Raum schwebte, zur Decke hochstieg, eine Rolle und einen Purzelbaum schlug, ohne zu zerbrechen.

»Wie ein Astronaut im Weltall«, hauchte Betty voller Bewunderung, die jetzt ebenfalls unter der Bettdecke hervorlugte.

Schwerelos schwebte der Durchsichtige Knappe immer wieder vom Boden zur Decke. Er drehte und wendete sich, nahm den Kopf ab und setzte ihn grinsend wieder auf. Dann packte er den Kronleuchter und schwang daran hin und her. Dabei erklang lautes Heulen im Zimmer.

»Huch!«, rief Johns Vater erschrocken, als ihm ein Fledermausflügel über das Gesicht strich.

»Keine Angst, Papa!«, rief John. »Ich bin doch bei dir!«

»Das war echt toll!«, seufzte Betty, nachdem die Geisterstunde vorbei war.

»Jetzt können wir abreisen«, sagte Mr Miller erleichtert. »Jetzt habt ihr genau das gehabt, was ihr euch schon immer gewünscht habt. Eine tolle Geisternacht.«

Am nächsten Morgen packten die Millers. Nach dem Frühstück waren sie reisefertig.

»Schade, dass wir nicht länger bleiben können«, seufzte John, als er seinen Rucksack aufsetzte. »Am liebsten würde ich den Geist mit nach Amerika nehmen.«

»Ich nehme ein Stück von ihm mit«, sagte Betty, die noch am Frühstückstisch saß und malte.

»Tatsächlich! So sah er aus!«, sagte ihre Mutter, als sie das Bild ansah. »Das müssen wir allen unseren Freunden zeigen!«

»Ich hätte ein Foto machen sollen«, sagte John.

»Geister kann man nicht fotografieren«, korrigierte ihn Betty.

Sobald die Millers wieder in Amerika waren, erzählten sie ihren Freunden und auch im Reisebüro *Dreamtours* begeistert von den Geistern im Turm. Klar, dass fast alle Kunden auch zum Spukschloss nach Schottland reisen wollten!

Das Telefon im Schlosshotel klingelte Tag und Nacht.

»Der Turm bleibt!«, sagte der Schlossherr zufrieden. Er zeigte auf die vielen E-Mails, die über Nacht eingetroffen waren. »Wir sind ausgebucht. Und das verdanken wir dem Durchsichtigen Kuno! Die Telefongesellschaft soll sich einen anderen Platz für ihren Funkturm suchen! «

»Ausgezeichnet«, freute sich der Verwalter und legte frisches Holz auf den Kamin. »Es wäre doch schade gewesen. Um Kuno – und um das alte Gemäuer!«

»Wir sind gerettet!«, berichtete die Fledermaus aufgeregt, die mit ihren feinen Ohren alles gehört hatte.

»Für eine Weile wenigstens«, seufzte die Eule.

»Und wenn wir mal wegziehen müssen, dann nur gemeinsam!«

»Dann machen wir eben woanders unser Spuk-Team auf!«, grinste der Durchsichtige Kuno. »In einer Geisterbahn vielleicht?«

»Kuno kann wieder reden!«, rief die Fledermaus erfreut.

»Das ändert nichts«, sagte Kuno und lächelte. »Wir spuken trotzdem in Zukunft gemeinsam weiter! Das macht viel mehr Spaß!«

»Einverstanden«, sagte die Eule und blinzelte ins Licht.

»Und jetzt in die Mauerritzen mit euch. Die Sonne geht auf!«

Die Regenwolken haben sich verzogen. Es ist, als habe die Sonne nur auf ihr Stichwort gewartet. Sie scheint plötzlich wieder auf den Strandweg, auf den Leuchtturm und auf das vom Regen frisch geputzte Lotsenhaus.

»Seht euch doch bloß den schönen Regenbogen an!«, ruft Birte Jansen begeistert.

Da laufen alle vors Haus. Die Holländerinnen machen Handyfotos von dem Naturschauspiel. Jo blättert in seinem Geschichtenbuch und brummt: »Na, dann weiß ich ja, was ich anschließend vorlese: die Geschichte von John-Johns Reise zum Regenbogen.«

John-John reist zum Regenbogen

Als der Mond durchs Fenster schien und mit seinen Strahlen John-Johns Nase kitzelte, wachte der davon auf. John-John schlüpfte in seine Hose, zog einen dicken Pullover und warme Stiefel an. Dann machte er sich auf den Weg durch die Winternacht.

Auf dem Zaun vor dem Haus saß ein Rabe.

»Kannst du mir sagen, woher der Regenbogen kommt?«, fragte John-John. »Das wollte ich schon immer mal wissen.«

»Die Schneegänse haben mir erzählt, dass ihn die Regenbogenfrau irgendwo hoch oben, nördlich vom nördlichen Polarkreis, aus Luftmaschen strickt!«, antwortete der Rabe.

»Und wie finde ich die Regenbogenfrau?«

»Du musst nur immer dem Polarstern nachlaufen. Dann ist sie nicht zu verfehlen.«

John-John wickelte sich fest in seine Jacke, denn im Herbst ist es in Kanada schon sehr kalt. Und es wurde immer kälter, je weiter er nach Norden kam.

Am Polarkreis traf er einen Eisbären.

»Kannst du mir den Weg zur Regenbogenfrau zeigen?«, bat John-John.

»Setz dich auf meinen Rücken und halt dich gut fest. Dann will ich dich ein Stück mitnehmen«, brummte der Bär.

In Windeseile flog John-John auf dem Rücken des Bären über die Polareisfelder, bis der Bär stehen blieb und sagte: »Hier will ich mir ein Loch graben und fischen. Jetzt musst du allein weiterlaufen. Immer dem Polarstern nach. Es ist ganz einfach.«

John-John lief weiter, bis ihm seine Füße wehtaten. Da hörte er in der Ferne eine Geige spielen. Er ging dem Klang nach und traf einen Eskimo, der auf einem Schlitten stand und mit seinem Geigenbogen einem grauen Holzkasten diese wunderbaren Töne entlockte. Als der Eskimogeiger eine Pause machte, fragte John-John: »Kannst du mir bitte den Weg zur Regenbogenfrau zeigen?«

»Zuerst muss ich mein Konzert für die Polarfüchse beenden«, sagte der Eskimogeiger. »Leider hören die jungen Füchse meist nicht richtig zu.«

»Dann werde ich dir zuhören«, versprach John-John und setzte sich auf den Schlitten.

Es ist wie im Märchen, dachte John-John, während er wenig später mit dem Hundeschlitten über die glitzernde Eisdecke glitt.

»Da vorn ist es schon!«, rief der Eskimo. »Siehst du das große Schneehaus?«

Erst als sie ganz nahe waren, bemerkte John-John die dick vermummte, rundliche Frau, die in sieben wattierten Röcken wie ein bunter Brummkreisel vor der Schneewand ihres Polarhauses saß und strickte. Sie strickte an einem bunten Schal, der schon viele Hundert Meter lang war und sich wie ein Schleier in den Himmel hob.

»Willkommen«, sagte die Regenbogenfrau freundlich. »Ich habe dich kommen sehen. Schon eine ganze Weile lang.«

»Wie ist das möglich?«, wunderte sich John-John.

»Sieh da hinein!«, sagte sie und deutete auf ein ovales Stück blank polierten Eisbodens zu ihren Füßen, der durchsichtig wie eine Fensterscheibe war. Ganz deutlich konnte man darin erkennen, wie sich der Eskimogeiger mit seinem Hundeschlitten entfernte.

»Mein dreidimensionaler Polarfernseher«, sagte die Regenbogenfrau und lächelte vergnügt. »Man braucht schließlich ein bisschen Abwechslung hier in der Einsamkeit. Und ich kann stricken, ohne auf die Nadeln zu gucken. Das macht die lange Übung.«

John-John sah staunend auf den Schal, der in allen Regenbogenfarben schillerte und sagte: »So entsteht also der Regenbogen!«

»Ich stricke meine Träume hinein«, sagte die Regenbogenfrau. »In den unendlich langen Polarwinternächten träumt man eine ganze Menge.«

»Wie kommt es, dass der Regenbogenschal schwebt?«

»Das ist das Geheimnis meiner speziellen Luftmaschen«, sagte die Regenbogenfrau und zwinkerte vergnügt.

»Und warum steht der Regenbogen immer nur so kurze Zeit am Himmel, dass man ihn kaum sehen kann?«

»Daran sind die auf seine Schönheit eifersüchtigen Nebelmänner und Wolkenfrauen schuld. Sie lauern hinter den Bergen und in den Wäldern und trennen meine Regenbogen immer wieder auf, so schnell sie können«, entgegnete die Regenbogenfrau und ihre freundliche Miene verfinsterte sich.

Plötzlich hörte man ein Krachen und Poltern im Schneehaus, dass John-John zusammenzuckte.

»Schnell, versteck dich hinter mir!«, rief die Regenbogenfrau. »Mein Mann, der Gewitterriese, ist aufgewacht. Er mag Kinder nicht. Vielleicht, weil sie ihn auch nicht mögen. Da muss es nicht sein, dass er dich gleich entdeckt!«

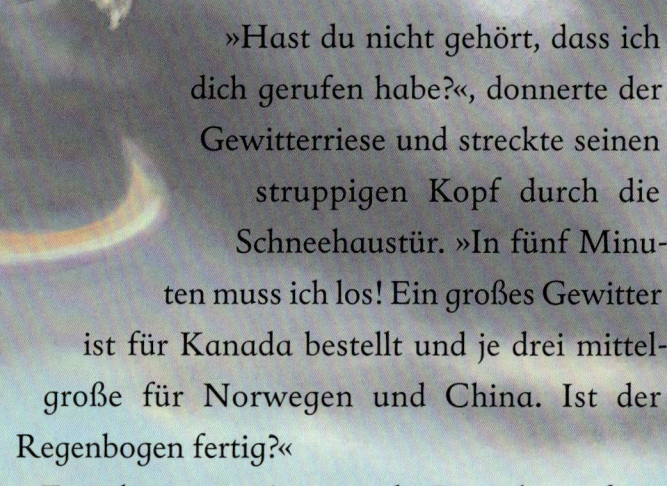

»Hast du nicht gehört, dass ich dich gerufen habe?«, donnerte der Gewitterriese und streckte seinen struppigen Kopf durch die Schneehaustür. »In fünf Minuten muss ich los! Ein großes Gewitter ist für Kanada bestellt und je drei mittelgroße für Norwegen und China. Ist der Regenbogen fertig?«

»Er ist lang genug!«, sagte die Regenbogenfrau.

»Her damit«, knurrte der Riese und packte das Ende des Regenbogenschals. Dann stieg er in zwei Windsandalen und hob sich mit Blitz und Donner in die Lüfte. Es roch ein bisschen nach Schwefel.

»Du brauchst dich vor ihm nicht zu fürchten«, sagte die Regenbogenfrau und sah ihm nach. »Er poltert und kracht eben gern. Besonders, wenn er mit Energie für ein paar Gewitter geladen ist, wie heute.«

»Ich habe Angst vor Gewittern«, gestand John-John.

»Aber warum denn? Vor dem Donner brauchst du dich nicht zu fürchten. Es kracht ein bisschen – das ist alles!«

»Aber vor Blitzen fürchte ich mich«, sagte John-John und sah besorgt dem Gewitterriesen nach, der jetzt wie ein Fesselballon weit oben am Himmel schwebte und schließlich wie ein glühender, winziger Punkt hinter den Wolken verschwand.

»Mein Mann lässt einen Blitz nur ganz selten in ein Haus einschlagen. Außerdem haben heutzutage fast alle Häuser Blitzableiter.«

»Auch unser Haus?«, erkundigte sich John-John.

»Moment mal«, sagte die Regenbogenfrau. »Sag mir deine Adresse.«

John-John nannte Ort, Straße und Hausnummer. Sie malte die Adresse mit ihrem Zeigefinger auf die magische Eisscheibe zu ihren Füßen. Staunend sah John-John, wie jetzt die Umrisse seines Hauses darauf erschienen. Deutlicher und immer deutlicher wurden sie, bis es genau zu erkennen war.

»Es hat einen Blitzableiter«, sagte die Regenbogenfrau zufrieden und deutete mit der Stricknadel auf das Bild. »Da kann bei dir zu Hause nichts passieren.«

»Dann ist es ja gut«, seufzte John-John erleichtert.

»Jetzt werde ich dir einen heißen Tee kochen und dann wollen wir sehen, wie du am schnellsten wieder zurückkommst«, sagte die Regenbogenfrau. Sie ging ins Haus.

Wenig später saß John-John vor einer Tasse mit dampfendem Tee, der nach Kräutern und Gewürzen schmeckte. Es war ihm plötzlich so warm und wohlig zumute, dass ihm die Augen zufielen.

John-John konnte sich am nächsten Morgen beim besten Willen nicht erklären, wie er wieder in sein Bett gekommen war. Als er aufwachte, hatte draußen vor dem Fenster ein Gewitter Bäume und Straße blank gefegt. Seine Mutter kam zur Tür herein und sagte: »Du hast aber fest geschlafen! Und du bist ja gar nicht zu uns ins Bett gekrochen, nachdem das große Gewitter losbrach.«

»Ich habe es gar nicht gemerkt«, antwortete John-John. »Und außerdem braucht man sich vor einem Gewitter wirklich nicht zu fürchten, wenn man einen Blitzableiter auf dem Haus hat.«

»Wir haben auch einen Blitzableiter«, sagt Leo. »Da bin ich froh!«

Selina hat die Regenbogen-Geschichte besonders gut gefallen. So gut, dass sie die Geschichte malen möchte. Sie holt Malpapier und Buntstifte. Weil die Stühle im Garten noch nass vom Regen sind, setzt sie sich auf die Eckbank im Frühstückszimmer. Dann malt sie den Eskimogeiger und die Regenbogenfrau, die vor ihrem Iglu sitzt und den langen, bunten Schal aus Luftmaschen strickt.

Es wird ein buntes, fröhliches Bild. Sie schenkt es Jo, als er mit trockenen Klamotten zum Kaffeetrinken in die Stube kommt.

»Du bist ein echtes Maltalent!«, staunt Jo.

»Wir könnten das Bild rahmen und im Frühstückszimmer aufhängen«, schlägt seine Schwester Birte vor. »Das ist eine schöne Erinnerung an die Zeit mit euch allen!«

»Bestimmt wird das Bild mit dem Geiger besonders unserem Freund Oskar gefallen«, überlegt Jo. »Er ist ein genialer Geigenspieler und wird uns in den nächsten Tagen besuchen.«

Draußen bellt ein Hund. Die Nachbarin von Birte Jansen kommt mit ihrem Schäferhund Puschkin und ihrer italienischen Enkeltochter Julia. Die kommt immer in den Sommerferien zu Besuch auf die Insel.

»Ich habe gehört, hier werden so tolle Geschichten erzählt«, sagt die Nachbarin. »Dürfen wir auch zuhören, meine Julia, Puschkin und ich?«

»Gern«, sagt Jo. Er sieht auf das Mädchen und den Hund und sagt dann lachend: »Ich habe einen Augenblick lang gedacht, Rotkäppchen und der Wolf kommen zur Tür herein.«

»Die Geschichte erzählst du jetzt aber bitte nicht«, sagt Selina. »Ich finde es schrecklich, dass der Wolf die Großmutter frisst. Auch wenn es nur ein Märchen ist.«

»Einverstanden. Ich lese euch heute Abend lieber eine Geschichte von einem friedlichen Wolf vor«, schlägt Jo vor. »Aber jetzt geht erst mal raus an die frische Luft. Nach Sturm und Regen findet man am Strand besonders schöne Muscheln.«

176

Am Abend ist die Stube voll. Immer mehr Leute wollen dem Leuchtturmwärter beim Erzählen und Vorlesen zuhören.

»Na, dann macht es euch mal gemütlich!«, sagt Jo nach dem Abendessen. Und dann erzählt er die Geschichte von Pamuk, dem kleinen Wolf.

Pamuk, der kleine Wolf

Es war einmal ein kleiner Wolf, der lebte im Norden Russlands. Da sind die Winter besonders kalt. Die Tiere hatten es schwer, Futter zu finden, und waren ständig in Lebensgefahr. Es hatten sich nämlich alle Jäger zur Wolfsjagd versammelt. Sie verfolgten die Wolfsrudel, wo auch immer sie auftauchten.

Eines Tages entdeckten die Jäger auch Pamuks Rudel. Sie verfolgten es auf Rentierschlitten und versuchten es zu umzingeln. Pamuk legte sich hinter einen Schneehaufen und stellte sich tot. Da fuhren die Jäger mit ihren Schlitten an ihm vorbei.

In der Nacht rannte Pamuk davon. Ganz allein durchquerte er die verschneite Steppe. Fast siebzig Kilometer schaffte er am Tag. Nach einer Woche war er so müde, dass er nicht mehr konnte. Er suchte sich einen Schlafplatz im Gestrüpp. Aber er fand keine Ruhe, weil der Mond so hell schien und weil er fror. Es war keiner mehr da, bei dem er sich ans Fell kuscheln konnte. Er heulte seine Einsamkeit zum Mond hinauf.

»Hör auf damit!«, beschwerte sich eine Steppenfüchsin. »Meine Kinder können nicht schlafen.«

»Mich friert. Kann ich zu euch in den Bau kommen?«, klagte der kleine Wolf.

»So weit kommt es noch! Der ist schon für uns zu eng«, fauchte Vater Steppenfuchs. »Geh ins Warmland, das liegt im Süden!«

»Und wo ist der Süden?«, fragte der kleine Wolf.

»Irgendwo dort hinter den Bergen«, antwortete der Steppenfuchs.

Und weil der kleine Wolf nicht schlafen konnte und weil er keinen anderen Ausweg wusste, machte er sich noch in der gleichen Nacht wieder auf den Weg. Leider lag das kalte Gebirge zwischen ihm und dem Warmland.

Als die Sonne aufging, erreichte Pamuk den höchsten Punkt des Bergpfades, den schon viele Tiere vor ihm in den Schnee getrampelt hatten. Er sah in die Ebene hinab, wo ein Fluss heraufschimmerte, der nicht zugefroren war. An seinen Ufern war es grün! Pamuk rannte zum Fluss hinunter, um zu trinken. Am Ufer traf er einen Biber, der seinen Bau mit Treibholz ausbesserte.

»Wie komme ich in den Süden, wo es warm ist?«, fragte der kleine Wolf. »Sie nennen es das ›Warmland‹.«

»Keine Ahnung«, sagte der Biber. »Ich war noch nirgends anders als hier am Fluss. Aber siehst du den Vogelschwarm dort über dem Wald? Es sind Zugvögel. Sie fliegen immer in die Wärme, wenn der Winter kommt. Ich schätze, dass das Warmland irgendwo hinter dem Wald liegt.«

Ehe Pamuk noch weiterfragen konnte, tauchte der Biber ab und verschwand im Wasser.

Nachdem der kleine Wolf seinen Durst gestillt hatte, lief er auf den großen, dunklen Wald zu. Bildete er sich das ein oder wurde es tatsächlich schon ein bisschen wärmer? Er durchquerte den Wald und lief weiter durch Täler, Felder, Wiesen und Bäche.

Nachdem er vier Tage gelaufen war, schien eines Morgens die Sonne so warm, dass er dachte: »Jetzt bin ich im Warmland angekommen! Hier will ich bleiben.«

Pamuk legte sich am Rand eines kleinen Waldes ins warme Moos und ließ sich die Sonne auf den Pelz brennen. Ach, wie tat das gut!

»Was suchst du denn hier?«, rief ein Hase empört. »Das ist mein Platz!«

»Ein gefährlicher Bursche! Der hat es bestimmt auf unsere Kinder abgesehen!«, fiepte eine Waldmaus und deutete anklagend mit ausgestreckter Pfote auf den Wolf.

»Bestimmt will er unsere Vorräte stehlen!«, mümmelte ein Hamster mit vollen Backen.

»Ich hole Fedor Fuchs und Holle Hirsch. Die sollen ihn verjagen!«, schnurrte die Wildkatze und verschwand im Unterholz.

»Er riecht anders«, sagte die Häsin und schnupperte, dass man ihre langen Zähne sah.

»Er kann nicht mal fliegen«, krächzte der Rabe und schlug mit den Flügeln.

»Er gehört nicht hierher, schuhuschubidu«, sagte die Waldohreule. »Er ist ein Kaltländer!«

Der kleine Wolf war traurig. Nun hatte er endlich einen Platz gefunden, an dem er nicht mehr fror, und nun sollte er nicht bleiben dürfen?

»Gehört der Wald nicht allen?«, fragte er und sah sich um.

»Eigentlich schon«, sagte ein kleiner Sperlingskauz. Aber keiner hörte auf ihn, denn jetzt betrat Holle der Platzhirsch die Waldlichtung. Wie ein Fürst stand er da und neben ihm sein ergebener Begleiter, der Fuchs.

»Der Wald gehört denen, die schon immer da leben«, sagte der Platzhirsch. »Für Fremde ist kein Platz. Mach, dass du verschwindest!«

»Entweder du gehst jetzt oder er spießt dich auf«, fügte der Fuchs drohend hinzu.

Erschrocken klemmte Pamuk den Schwanz ein und lief davon.

»Halt, nicht so schnell, kleiner Wolf!«, rief eine Stimme hinter ihm.

Überrascht drehte sich Pamuk um.

Da sah er den Iltis, der hinter ihm herhuschte.

»Nimm es nicht so schwer!«, sagte der Iltis versöhnlich. »Sie sind immer so, wenn einer kommt, der anders ist als sie.«

»Sie mögen mich nicht«, sagte Pamuk traurig.

»Mich konnten sie auch erst nicht riechen«, sagte der Iltis und kicherte. »Aber jetzt haben sie sich an mich gewöhnt.«

»Und warum mochten sie dich nicht?«, wollte der kleine Wolf wissen.

»Weil – nun ja, manchmal stinke ich ein bisschen. Ich finde es praktisch. Ich markiere mein Revier gern mit Duftnoten. Ich finde, es riecht gut. Und meine Familie auch.«

»Findest du, dass ich stinke?«, rief der kleine Wolf erschrocken.

»Nein. Du bist nur fremd. Das macht ihnen Angst. Sie können dich nicht einschätzen. Sie glauben, du bist gefährlich. Das ist es.«

»Ich bin weit gelaufen. Ich kann nicht mehr zurück. Ich möchte jetzt schlafen. Aber wo?«

»Komm mit, ich zeige dir ein schönes Schlafplätzchen. Dort oben in der alten Ruine«, sagte der Iltis.

Die Burgruine lag tief im Wald. Früher war es einmal eine große, stattliche Burg gewesen, die einer der Könige von Warmland bewohnt hatte. Aber jetzt hob sich nur noch ein Turm mit zwei Fenstern und einer Burgmauer gegen den Abendhimmel ab.

»Hier bist du ungestört«, sagte der Iltis, nachdem sie am Turm angekommen waren. »Da oben wohnt nur der Turmfalke. Sein Reich ist der weite Himmel. Was unten ist, interessiert ihn nur, wenn es klein genug ist, um Jagdbeute zu sein.«

Der kleine Wolf machte es sich im Turmzimmer der Burgruine bequem. Nachts wurde er von einem feinem Fiepen geweckt. Fledermäuse flatterten um den Turm.

»Keine Angst, wir tun dir nichts!«, rief eine Fledermaus, als der kleine Wolf erschrocken aufsprang. Aber er fürchtete sich doch. Die Flattertiere waren ihm unheimlich. Er sah zum Mond hinauf, der genauso groß und rund aussah wie damals, als er von zu Hause weggelaufen war. Und dann fing er vor Heimweh an zu heulen. Huhuhuhuuuu!

Das schaurige Geheul weckte die kleinen und großen Tiere im nahen Wald. Sie flüchteten sich ins Gebüsch und in die hintersten Ecken ihrer Höhlen.

»Das Heulen kommt aus der Burgruine«, sagte die Häsin, die aus ihrem Bau spähte.

»Ein Gespenst!«, sagte die Waldohreule. »Das muss ein Gespenst sein.«

»Ja, das ist ein Gespenst«, bestärkte sie der Iltis. »Ein ganz gefährliches Gespenst.«

»Und wa-wa-was machen wir jetzt?«, stotterte der Fuchs, der fürchterlich abergläubisch war, wie viele kluge Leute.

»Ich glaube, ich kann euch helfen«, sagte der Iltis. »Kommt morgen um die gleiche Zeit auf die Waldlichtung.«

Der kleine Iltis, der genau wusste, dass das schreckliche Geheul von dem heimwehkranken Wolf stammte, machte sich bei Sonnenaufgang auf den Weg zur Burgruine.

»Guten Morgen!«, rief er fröhlich. »Gut geschlafen, kleiner Wolf?«

»Schlecht geschlafen«, seufzte der kleine Wolf und ließ die Ohren hängen. »Und schlecht geträumt!«

»Genau wie die Tiere unten im Wald!«, sagte der Iltis. »Du hast sie mit deinem Geheul erschreckt. Sie denken, es sei das Burggespenst.«

»Das tut mir leid«, sagte der kleine Wolf.

»Das muss dir gar nicht leidtun«, antwortete der Iltis vergnügt. »Dein Geheul hat mich nämlich auf eine Idee gebracht. Eine Idee, die auch dein Problem lösen wird.«

Und dann erklärte er dem Wolf seinen Plan.

Der hörte sich alles geduldig an und sagte: »Wenn du glaubst, dass es funktioniert, bin ich dabei.«

In der nächsten Nacht heulte das ›Burggespenst‹ noch schauerlicher als zuvor.

»Es ist nicht auszuhalten!«, beklagten sich die Tiere, als der Iltis auf die Waldlichtung kam.

»Ich kann euch helfen«, sagte der Iltis geheimnisvoll. »Ich kenne einen berühmten Gespenstervertreiber. Er kommt von weit her. Er heißt Pamuk Wolf. Leider habt ihr ihn vergrault. Aber ich weiß, in welche Richtung er gegangen ist. Und wenn ich ihm nachlaufe — und ihr wisst, ich bin flink —, dann hole ich ihn sicher ein. Und wenn ihr Glück habt, dann verjagt er das schaurige Gespenst und ihr könnt wieder ruhig schlafen.«

Die Tiere palaverten ein bisschen und schließlich waren alle der Meinung, dass man den Geistervertreiber Pamuk Wolf um Hilfe bitten sollte.

»Hauptsache, unsere Kinder können wieder ruhig schlafen«, sagte die Häsin, deren lange Ohren besonders geräuschempfindlich waren.

In der kommenden Nacht heulte das Burggespenst noch lauter als zuvor. Die Tiere machten bis zum Morgengrauen kein Auge zu.

»Hoffentlich hat uns der Iltis nicht zu viel versprochen«, klagte die Waldohreule. »Das schaurige Geheul ist ja nicht auszuhalten! Ich bin mit den Nerven am Ende!«

»Ob der Iltis überhaupt wiederkommt?«, zweifelte die Wildkatze. »Vielleicht hat er diesen Pamuk ja gar nicht gefunden?«

Aber ihre Sorge war unnötig. Der Iltis kam. Allerdings allein.

»Wo ist er, dein Geistervertreiber?«, erkundigte sich der Hirsch.

»Er sagt, er kommt nur, wenn ihr ihn alle darum bittet. Ruft dreimal ganz laut seinen Namen!«

»Pamuk Wolf! Pamuk Wolf! Pamuk Wolf!«, riefen die Tiere im Chor.

»Noch mal!«, forderte der Iltis. »Der Fuchs und der Hase haben nicht mitgerufen. Und ein bisschen lauter bitte!«

Da riefen noch mal alle Tiere laut im Chor: »Pamuk Wohoooolf! Pamuk Wohoooolf! Pamuk Wohooooolf!«.

Endlich knackte es im Gebüsch. Der Wolf trat auf die Waldlichtung.

Der Iltis verbeugte sich und sagte: »Großer Meister. Die Tiere des Waldes bitten dich darum, das schreckliche Burggespenst zu vertreiben. Willst du ihnen helfen?«

Pamuk Wolf sah sich um und sagte würdevoll: »Ja! Ich werde dafür sorgen, dass das Gespenst nicht mehr heult. Ich werde als Wächter im Burgturm einziehen und den Wald beschützen. Allerdings hat das seinen Preis.«

»Und der wäre?«, erkundigte sich der Hirsch.

»Ihr nehmt mich in eure Waldgemeinschaft auf.«

»Das ist nur recht und billig, schuhuschubidu«, sagte der Sperlingskauz.

»So soll es sein«, versprach Holle der Platzhirsch. Und sein Wort hatte Gewicht.

»So soll es sein«, sagte der Fuchs wie ein Echo.

Der kleine Wolf zog in den Burgturm und von da an war kein Klagelaut mehr aus den Ruinenmauern zu hören. Nur die Fledermäuse zogen dort nachts lautlos ihre Bahn.

Der Ruf von Pamuk Wolf, dem Geistervertreiber, verbreitete sich in der ganzen Gegend. Von da an begegneten alle dem kleinen Wolf mit Achtung und großem Respekt.

»Siehst du«, sagte der Iltis, während er Pamuk eines Abends in der Burgruine besuchte, »sie sind gar nicht so böse, wie sie anfangs tun. Und wenn sie sich erst an dich gewöhnt haben, dann bist du einer von ihnen.«

Mucksmäuschenstill haben Leo, Julia und Selina zugehört. Jo klappt das Buch zu und sagt: »So ist es oft, wenn ein Fremder kommt.«

»Wir waren auch fremd, als wir vor vielen Jahren nach Deutschland kamen«, sagt Selinas Mama. »Aber die meisten Leute waren freundlich zu uns.«

»Unsere Katze Kleopatra hat auch erst einen Buckel gemacht, als Puschkin zur Tür hereinkam. Aber jetzt liegen die beiden friedlich nebeneinander«, sagt Jo und krault Puschkin hinter den Ohren. Dann lächelt er und sagt: »Es kommt leider öfter vor, dass Fremde nicht freundlich empfangen werden. Auch bei Tieren. Dazu habe ich eine wunderbare Geschichte aus England.«

Dann wendet er sich wieder an Puschkin, der friedlich auf seinen Schuhen liegt, und sagt: »Pass gut auf, Puschkin. Jetzt geht es auch um dich! Du hast gestern mit zwei anderen Hunden aus dem Dorf einen fremden kleinen Hund auf der Strand-promenade verjagt. Deshalb musst du bei dieser Geschichte besonders gut zuhören!«

Mit sicherem Griff zieht Jo jetzt das Buch aus dem Bücherstapel, in dem die Geschichte von dem kleinen Hund Crumble und dem Riesenknochen steht.

Der Riesenknochen

Eines Morgens um acht, während in dem Badeort an der englischen Küste noch alle Kurgäste schliefen, waren die drei Hunde schon unterwegs, die das Promenadenrevier unter sich aufgeteilt hatten: die Pudeldame Berry von Kerry, der Windhund Nero und der Bobtail Bumble. Da war kein Baum und kein Eckstein, der nicht ihre Duftnote trug. Wenn ein fremder Hund auftauchte, hatte er es schwer. Entweder er kniff den Schwanz ein und tat, was sie wollten, oder er wurde verjagt und verbellt. Ganz begriffsstutzige Typen wurden auch mal gezwickt und gebissen.

Jetzt waren die drei hungrig und suchten nach einer Frühstücksmöglichkeit. Berry von Kerry erbeutete eine heruntergefallene Currywurst am Kiosk. Nero schnappte sich einen halben Hamburger und Bumble, der eine Freundin in der Metzgerei hatte, schleppte einen riesigen Kalbsknochen an.

»Pass bloß auf deinen Knochen auf, Bumble!«, warnte Nero seinen Kumpel. »Da kommt einer, der hungrig aussieht!«

In dem Moment näherte sich ein winziger Hund mit hoch erhobener Schnauze und schnupperte neugierig an Bumbles Knochen.

»Mrrrra!«, knurrte Bumble und fletschte die Zähne. »Untersteh dich!«

»Keine Angst, ich wollte doch nur mal riechen!«, sagte der Kleine und wich erschrocken zurück.

»Grrrr! Das ist mein Knochen!«, fauchte Bumble und zeigte die Zähne bis zum rosaroten Zahnfleisch.

»Wer bist du eigentlich?«, mischte sich Berry von Kerry ein.

»Ich bin Crumble«, sagte der winzige Hund.

»Und woher kommst du?«, erkundigte sich Nero.

»Von Mikes Strandhaus.«

»Was für eine Rasse bist du?«, fragte Berry von Kerry.

»Rasse?«, erkundigte sich Crumble, »Was ist denn das?«

Da wollten sich die drei anderen schier totlachen.

»Er weiß nicht, was eine Rasse ist! Das ist klasse!«, lachte Berry von Kerry.

»Rasse ist, zu welcher Hundefamilie man gehört, Kleiner«, erklärte Nero. »Ich zum Beispiel bin ein Windhund.«

»Ich bin ein Bobtail«, sagte Bumble.

»Ich bin ein Pudel«, sagte Berry von Kerry mit hoch erhobener Nase. »Mit langem Stammbaum.«

»Ich habe keine Rasse!« sagte Crumble eingeschüchtert. »Und keinen Stammbaum. Ich pinkle jeden Tag an einen anderen!«

»Hohoho, hihihi«, lachten die drei vornehmen Hunde.

»Er weiß nicht, was ein Stammbaum ist«, kicherte Berry von Kerry.

»Hoho, haha, dann ist er eine Promenadenmischung, eine richtige Promenadenmischung!«, rief Nero und knurrte gutmütig. »Lasst das Fliegengewicht laufen!«

Betrübt schlich Crumble davon. Als er zum Strandhaus kam, war Mike nicht da. Aber Crumble hatte gute Ohren. Er hörte Musik!

Sie kam vom Strand. Er folgte der Tonspur und fand Mike. Er saß am Strand und übte auf seinem Saxofon.

Mike war Musikstudent und hatte bald Aufnahmeprüfung für das Hamburger Jugendorchester. Wenn er zu Hause übte, beschwerten sich die Nachbarn. Deshalb hatte er kurz entschlossen das alte, verfallene Haus am Strand gemietet. Die Saison war vorbei. Da war es billig zu haben. Hier konnte er nach Herzenslust spielen, so laut er wollte.

Mike war so versunken in seine Musik, dass er gar nicht bemerkte, wie Crumble zurückkam. Crumble hörte sich die Musik eine Weile an. Dann taten ihm die Ohren weh.

»Dann schaue ich mich eben noch ein bisschen um«, dachte Crumble und lief zum Strand hinunter. Immer der Nase nach. Es war Ebbe und es roch nach Algen und Tang.

»Riecht interessant hier!«, fand Crumble.

An einer kleinen, geschützten Stelle zwischen den Felsen roch es besonders gut. Der Sand war weich. Crumble begann zu graben. Graben war seine Lieblingsbeschäftigung. Es war wie Detektivspielen. Zu Hause im Vorgarten durfte er nicht buddeln. Aber hier war es anders.

Mhm! Diese Stelle hier roch besonders interessant. Gerade als er schon bis tief über die Schultern in seinem Loch steckte, kam Mike.

»Da bist du, alter Schlingel! Komm, lass uns einen Spaziergang machen!«

Crumble sah Mike treuherzig an und wedelte mit dem Schwanz.

Das sollte so viel heißen wie: »Nur noch fünf Minuten!«

»Na gut, dann grab. Aber nur, wenn du nicht hinterher wieder mit den Dreckpfoten auf der Promenade an allen Spaziergängern hochspringst!«, seufzte Mike.

Das hörte Crumble gar nicht mehr, denn er war schon wieder bis über die Schultern in seinem Loch. Das Jagdfieber hatte ihn gepackt. Das roch ja höllisch interessant! Ziemlich vermodert, kitzelte aber angenehm in der Nase. Und da war etwas, was sich wie ein Knochen anfühlte. Ob das einer von den vornehmen Rassehunden hier verbuddelt hatte? So tief? Denen war alles zuzutrauen. Die gönnten einem anderen nichts. Crumble biss, zog und zerrte. Aber er bekam das große Ding nicht heraus.

Jetzt kam Mike zurück und rief ungeduldig: »Komm jetzt endlich!« Doch Crumble ließ nicht ab von seiner Beute.

»Alter Dickkopf!«, brummte Mike.

Crumble war jetzt fast bis zur Hüfte im Boden verschwunden.

»Lass mal sehen!«, sagte Mike und schob Crumble etwas beiseite. Er bückte sich und sah neugierig in das Loch. »Was hast du denn da?«

»Hm«, brummte er. »Sieht fast aus wie eine Kugel. Aber die sitzt fest. Warte einen Augenblick. Ich helfe dir gleich.« Mike lief zum Haus und holte einen Spaten. Dann erweiterte er das Loch und grub. Oben war der Sand locker. Dann wurde er fester. Das runde Teil war nur der Anfang des rätselhaften Gegenstandes, der da tief in der Erde steckte.

Plötzlich war Mike genauso eifrig am Buddeln wie zuvor Crumble. Wenn ihn nicht alles täuschte, dann war das ein Knochen! Ein Riesenknochen! Ein Dinosaurierknochen? Er erinnerte sich an einen Fernsehbericht vor kurzer Zeit, in dem Forscher von Fossilienfunden an der englischen Küste erzählt hatten.

»Wenn das wirklich ein Dinosaurierknochen ist, Crumble, dann hast du etwas ganz Tolles gefunden!«, sagte Mike und holte sein Handy aus der Hosentasche. »Dann sollen jetzt die Fachleute aus dem Naturkunde-Museum weitergraben.«

Crumble wusste nicht, was Fachleute und was Dinosaurierknochen waren. Er wusste nur, dass er seinen tollen Knochen mit keinem teilen wollte. Außer vielleicht mit Mike. Aber der ließ ihn jetzt nicht weiterbuddeln. Das war gemein.

Mike deckte wieder etwas Sand über den Knochen.

»Damit kein anderer drangeht«, sagte er lachend zu Crumble.

Es tröstete Crumble wenig, dass Mike ihm die saftige Wurstsemmel gab, die Mike eigentlich selbst zu Mittag hatte essen wollen. Und dann wurde es ziemlich aufregend. Am nächsten Morgen kamen fremde Männer. Mit Spaten und Kameras. Und dann gingen sie gemeinsam hinunter zum Strand.

Sie gruben ziemlich lahm und langsam, fand Crumble. Und dauernd machten sie Fotos. Und was sie dann schließlich ans Tageslicht brachten, war der obergigantischste, supertollste Riesenknochen, den man sich vorstellen konnte.

Wow! Wenn das die feinen Hunde von der Promenade sehen könnten!, dachte Crumble. Das würde die glatt umhauen!

Inzwischen waren viele neugierige Strandwanderer stehen geblieben und sahen bei der Ausgrabung zu. Nachdem der Knochen geborgen war, beseitigten die Männer mit Bürsten und Besen sorgfältig den Sand von ihrem riesigen Fund.

»Der Armknochen eines Iguanodons. 118 Millionen Jahre alt!«, murmelte der Mann, den die anderen Professor nannten.

»Habt ihr das gehört? 118 Millionen Jahre!«, murmelten die Umstehenden voller Respekt und nickten anerkennend mit den Köpfen.

Crumble hatte keine Ahnung, wie lang 118 Millionen Jahre waren. Aber das war vermutlich eine lange Zeit. Länger als die Zeit, die Mike immer fortblieb, wenn er tagsüber zur Musikhochschule ging. Und das war schon ganz schön lang für einen Hund.

»Wie groß war denn so ein Iguanodon?«, erkundigte sich Mike.

»Oh, die wurden bis zu acht Meter hoch und wogen vier Tonnen«, antwortete der Professor.

»Acht Meter? Das ist so hoch wie ein Haus mit drei Stockwerken!«, staunte Mike.

»So ist es«, brummte der Professor.

Jetzt kamen Autos am Strand entlanggefahren.

»Unsere Freunde von der Presse haben Wind von unserem Fund bekommen. Hätte mich auch gewundert, wenn es anders wäre!«, schmunzelte der Professor.

Die Journalisten stürmten herbei und wollten ein Foto machen. Und weil ein ausgeblichener Knochen auf Sand in Farbe langweilig aussieht, sollte sich der Professor mit seinen Studenten in den bunten Hemden danebenstellen.

»Schließlich haben Sie das Dings gefunden!«, sagte ein Fotoreporter.

»Nein, *er* hat ihn entdeckt!«, sagte der Professor wahrheitsgemäß und deutete mit dem ausgestreckten Zeigefinger auf Mike.

Jetzt sollte sich Mike für das Foto neben den Knochen stellen.

»Nein, *er* hat ihn entdeckt!«, sagte Mike lachend und deutete auf Crumble, den bis dahin kein Mensch beachtet hatte.

Auf einmal stand Crumble im Mittelpunkt des Interesses.

Die Kameras klickten. »Bitte lächeln!«, rief einer.

»Ein Hund kann doch nicht lächeln, du Dummkopf!«, spottete ein anderer.

Da zeigte ihnen Crumble, dass ein Hund sehr wohl lächeln konnte. Vor allem, wenn er einen supergigantischen Mega-Dino-Knochen gefunden hatte.

Am nächsten Tag war das Bild mit dem lächelnden Hund vor dem Riesenknochen in allen Zeitungen.

Die Superspürnase!
Crumble und sein toller Fund!
Der Hund, der lächeln kann!
Crumble und der Dinosaurierknochen!

So lauteten die Überschriften. Und als Crumble über die Strandpromenade lief, blieben die Leute stehen, deuteten auf ihn und sagten: »Das ist er doch! Der kleine Hund mit dem großen Knochen!« Und sie erzählten allen, die es noch nicht wussten, dass das der berühmte Hund war, der den Riesenknochen gefunden hatte!

Natürlich blieb es nicht aus, dass auch Nero, Bumble und Berry von Kerry von der Sensation erfuhren.

»Könntest du nicht auch so ein Dings finden? Dann kämen wir auch in die Zeitung«, sagten die vornehmen Leute, bei denen Berry von Kerry lebte, zu ihrem Liebling.

Berry erzählte es Bumble und Nero, als sie sich auf der Promenade trafen.

»So ein kleiner Niemand von Nirgendwo! Eine mickrige Promenadenmischung! Und dann so was! Wer hätte das gedacht?«, seufzte Berry von Kerry.

Als die drei am Nachmittag Crumble und Mike auf der Promenade begegneten, verzog Crumble freundlich die Mundwinkel.

»Ich fass es nicht. Er hat gelacht!«, knurrte Bumble.

»Er hat tatsächlich gelacht, so wie es in der Zeitung steht!«, rief Nero voller Bewunderung.

»So was tut ein anständiger Hund nicht«, sagte Kerry von Berry.

In diesem Augenblick kam eine Reporterin auf Mike zu. Sie deutete auf Crumble und fragte: »Ist das der Hund, der so gut riecht?«

»Das ist er«, sagte Mike stolz.

»Gut riecht?«, knurrte Berry von Kerry verärgert. »Pah. Ich rieche viel besser!« Sie trug ein Halsband mit Lavendelduft und setzte sich in Positur. Aber an ihr und ihrem Lavendelduft war keiner der Reporter interessiert. Auch die Kameras des Fernsehteams, das am Ende der Promenade auf Mike und Crumble wartete, richteten sich nur auf Crumble, den Stinker, den Dinosaurierknochenfinder ohne Stammbaum!

So kam es, dass die Geschichte von Crumble und dem Dinoknochen in Fernseh- und Zeitungsberichten um die ganze Welt wanderte. Schade, dass Bumble und seine Bande nicht Zeitung lesen können. Dann würden sie vielleicht endlich begreifen, dass es bei einem Hund nicht darauf ankommt, wie er riecht, sondern was er riecht. Und nicht darauf, woher er kommt, sondern wohin er geht. Und was er dabei ausgräbt oder herausfindet!

»Na, wie fandest du die Geschichte, Puschkin?«, fragt Jo und beugt sich zu dem Schäferhund hinunter, der durch freundliches Schwanzwedeln seinen Beifall ausdrückt.

»Übrigens hat unser Puschkin einen Stammbaum und ist trotzdem ein netter Hund«, rückt Birtes Nachbarin die Maßstäbe zurecht.

»Ich fand es gemein, dass Bumble und seine Bande den kleinen Crumble gemobbt haben«, sagt Selina.

»Was heißt mobben?«, fragt Leo.

»Wenn sich mehrere zusammentun und schlecht über einen anderen reden«, sagt Selina. »Wir haben gerade in der Schule ausführlich darüber gesprochen.«

»Wenn ich denke, dass ich jetzt Gäste aus sieben Ländern im Haus habe und alle vertragen sich, keiner wird gemobbt oder ausgeschlossen, dann macht mich das richtig glücklich«, sagt Birte Jansen. »Das sollten wir feiern! Ich spendiere eine Runde Mandarinen-Sorbet für alle. Das habe ich heute Morgen selbst gemacht! Mit meiner neuen Eismaschine.«

»Aber nur das Eis. Nicht die Mandarinen. Die kommen von weit her«, korrigiert Jo seine Schwester. »Und das ist die perfekte Überleitung zu meiner nächsten Geschichte. Sie heißt: Das Geheimnis der goldenen Mandarinen.«

Das Geheimnis der goldenen Mandarinen

Vor vielen Jahren, als es noch keine Autos und Computer gab, lebte in einem fernen Land ein mächtiger Sultan. Er hieß Hassan der Prächtige. Wenn er nicht auf einem seiner edlen Rennkamele unterwegs war, dann wohnte er in einem weißen Palast mit blau-goldenen Kuppeln. In den Hallen und Säulengängen eilten Diener und Kammerherren umher, die in Samt und Seide gekleidet waren. Alle hatten an einer goldenen Kette Kuhhörner um den Hals hängen, die sie von Zeit zu Zeit als Schalltrichter ans Ohr setzten, damit sie auch aus der Ferne hören konnten, wenn der Herrscher sie rief. Dann natürlich gab es damals noch keine Handys.

Es gab aber auch Leute, nach denen der Sultan nie rief. Die lebten außerhalb des Palastes in Armut. Sie kleideten sich in Lumpen und ernährten sich schlecht von dem, was ihnen die Räuber und Steuereintreiber des Sultans übrig ließen.

Die Ärmsten dieser Armen lebten in den kleinen Häusern der schmalen Gassen in unmittelbarer Nähe der Palastmauern. Mittags lungerten sie am Hintereingang der Schlossküche herum und warteten auf die Küchenabfälle.

Unter ihnen war auch Selim, ein junger Bauer. Noch vor einigen Jahren hatte er einen großen Mandarinenhain besessen. Aber dann kam die schreckliche Dürrezeit. Dreimal fiel die Ernte so schlecht aus, dass Selim seine Pacht nicht bezahlen konnte. So wurde sein Mandarinengarten gepfändet und man jagte ihn aus dem Haus. Jetzt bettelte er mit seinen Leidensgenossen am Kücheneingang des Palastes, um nicht zu verhungern. Die Köche warfen dort um die Mittagszeit ihre Abfälle aus den Küchenfenstern in die Müllkörbe hinter der Palastmauer. Die Armen fielen darüber her wie die Heuschrecken. Selim, der das Betteln noch nicht so gewohnt war, war zu langsam und bekam meist nichts davon ab.

Jetzt stellte der Koch eine dampfende Reisschüssel zum Auskühlen auf die Fensterbank! Sie duftete so herrlich, dass Selim seine Hand ausstreckte und in die Schüssel griff.

Der Koch, der die schmutzige Hand im Reistopf erblickte, rief empört: »He! Palastwachen! Fasst den Dieb! Den Verbrecher! Er hat des Sultans Reis gestohlen!«

Die Wachen kamen mit klirrenden Waffen ange-rannt. Selim wollte weglaufen, aber sie versperrten ihm den Weg. Sie packten ihn und schleppten ihn mit sich fort. Selim wurde schwarz vor Augen. Er verlor die Besinnung.

Als Selim wieder zu sich kam, saß er im Kerker. Drei Tage lang bekam er Wasser und Fladenbrot. Dann sagte er zu seinem Wächter:

»Von jetzt an werde ich keinen Bissen mehr anrühren, ehe ich nicht den Sultan gesprochen habe!«

»Dann wirst du vor Hunger sterben!«, antwortete der Wächter.

»Das werde ich nicht«, sagte Selim und lächelte ihn an. »Denn ich bin ein großer Zauberer. Ich habe Macht über Dämonen. Leider nur über die Dämonen des Goldes. Sonst wäre ich schon längst aus dem Kerkerturm entwichen!«

»Des Goldes? Sagtest du Dämonen des Goldes?«, vergewisserte sich der Wächter und seine Augen funkelten gierig.

»Ich kann aus Mandarinen Gold machen«, bestätigte Selim. »Und wenn es nicht stimmt, soll ich auf der Stelle tot umfallen!«

Selim war ein aufrichtiger junger Mann. Auch jetzt log er nicht, denn schließlich hatte er sich, bis die Dürre kam, mit seinen Mandarinen einen ordentlichen Lebensunterhalt verdient.

Es dauerte nicht lange, da kam der Wärter mit einem Korb voll herrlicher Mandarinen zurück.

»Nun zaubere schön!«, grinste er und rieb sich die Hände. Dann fiel die schwere Holztür mit den Eisenbändern wieder hinter ihm ins Schloss.

Selim aß ein paar von den Mandarinen. Dann ging es ihm besser. Die Kerne der Mandarinen bewahrte er auf, denn er hatte einen Plan.

Als der Gefängniswärter am nächsten Morgen kam und das Gold sehen wollte, sagte Selim: »Ich habe nachgedacht. Der erhabene Sultan wäre sicher sehr ungehalten, wenn ich einem anderen als ihm persönlich dieses große Geheimnis enthüllen würde.«

Der Wärter wurde wütend, aber schließlich sah er ein, dass er den Gefangenen nicht dazu zwingen konnte, sein Geheimnis zu verraten. Er beriet sich mit seinem Vorgesetzten. Man kam überein, dass die Sache wichtig genug war, um den Wesiren des Sultans davon zu erzählen.

»Ein Goldmacher im Gefängnis? Das klingt interessant«, brummte der Schatzmeister. In der Staatskasse, aus der die Wesire und andere Hofbeamte sich immer reichlich bedienten, herrschte Ebbe.

»Ja, es wäre einen Versuch wert«, sagte ein zweiter Wesir, der für die Einkäufe des Palastes zuständig war. Er zwirbelte nachdenklich seinen langen Bart um den Zeigefinger. »Wir können nichts verlieren, nur gewinnen.«

Der dritte Wesir, ein Rechtsgelehrter, lächelte listig und sagte: »Verlieren kann nur er. Wenn er uns betrügt, verliert er den Kopf!«

»Um elf Uhr hat der Sultan Audienz«, sagte der Schatzmeister. »Wir lassen den Mann holen, dann werden wir ja sehen, ob es stimmt, was er sagt!« Der Schatzmeister winkte einen der Wachsoldaten herbei und befahl ihm den Gefangenen herbeizuschaffen.

Kurz nach elf Uhr betrat Selim den Thronsaal. Zwei Wächter begleiteten ihn. Diener, Lakaien und Minister rümpften angewidert die Nase, als die ungewaschene, zerlumpte Gestalt an ihnen vorbeigeführt wurde.

Selim zögerte einen Augenblick, dann ging er direkt auf den Sultan zu, verneigte sich bis zum Boden und sagte leise: »Salem aleikum, erhabener Sultan.«

»Dieser Mann kennt angeblich das Geheimnis des Reichtums. Und er will es keinem außer Euch verraten«, sagte der erste Wächter, der sich jetzt vor Selim stellte.

»Er behauptet, dass er Mandarinen zu Gold machen kann!«, fügte der zweite Wächter rasch hinzu.

»Das Geheimnis des Reichtums?«, fragte der Sultan. »Und du willst es nur mir verraten? Nun, das ist gut so. Komm näher und verrate es mir.«

Selim näherte sich zögernd dem Thronsessel.

»Sprich«, ermunterte ihn der Sultan.

»Das Geheimnis ist leicht und schwer zugleich. Es ist in diesen Kernen verborgen!«, sagte Selim und hielt dem Sultan die ausgestreckte Hand hin, auf der sieben weiße Mandarinenkerne lagen.

Der Sultan beugte sich vor, besah die Kerne durch sein Sehglas und rief: »Aber das sind doch nur ganz gewöhnliche Mandarinenkerne!«

Auch die sieben Wesire, die um den Thron herumstanden, besahen sich die Kerne und sagten wie ein siebenfaches Echo: »Aber das sind doch nur ganz gewöhnliche Mandarinenkerne, -kerne, -kerne, -kerne, -kerne, -kerne, -kerne!«

»Das sieht nur so aus«, widersprach Selim. »Man muss diese Kerne in die Erde pflanzen, dann werden Bäume daraus wachsen, die goldene Früchte tragen!«

Aha, dahin läuft der Hase!, dachte der Sultan. Es wird einige Jahre dauern, bis ich die Wahrheit erfahre, und der Betrüger ist dann längst über alle Berge.

Der Sultan lächelte und sagte zu Selim: »Nun gut, junger Mann. Dann pflanze die Kerne ein. Wir werden dich wieder in den Kerker stecken und in einigen Jahren sehen, ob deine Behauptung stimmt!«

»Das wird nichts nützen«, seufzte Selim. »Denn ich bin nur ein unwürdiger Dieb, der gerade aus dem Kerker kommt. Wenn der Zauber der goldenen Mandarinen wirken soll, müssen die Kerne von einem ehrlichen und anständigen Mann in die Erde gesteckt werden. Sonst verweigern die Golddämonen ihren Dienst.«

Selim deutete auf die sieben Wesire, die um den Thron herumstanden, und fügte hinzu: »Eure Vertrauten sind anständige und ehrliche Leute, oder nicht? Gebt jedem von ihnen einen Kern zum Einpflanzen.«

»Du hast recht!«, lächelte der Sultan. »Gib her!«

Als der Sultan die Kerne an seine Wesire verteilen wollte, wichen alle erschrocken zurück. Keiner wollte die gefährliche Aufgabe übernehmen.

»Nimm du die Kerne!«, sagte der Sultan zum Schatzmeister.

»Ich bin ihrer nicht würdig«, sagte der Schatzmeister und machte eine tiefe Verbeugung. Er bekam einen knallroten Kopf und erinnerte sich daran, dass er erst am Morgen wieder einen Beutel mit Bestechungsgeld angenommen hatte.

»Nimm du die Kerne«, sagte der Sultan zum Justizminister.

»Ich bin ihrer nicht würdig und außerdem für Gartenarbeit zu ungeschickt. Wie leicht könnte ich einen Fehler machen«, sagte der Minister rasch, denn es fiel ihm ein, dass er am Vortag einige Leute, die ihm im Wege waren, zu Unrecht verurteilt hatte.

»Dann wird der Palastgärtner die Kerne einpflanzen«, sagte der Sultan. »Der hat es schließlich gelernt.«

Der Sultan ließ den Gärtner rufen, der gerade im Palastgarten die Rosen beschnitt. Überrascht sah er auf die Minister, die mit ernster Miene um den Sultan herumstanden, und dann auf den Sultan, der ihm jetzt die Hand mit den Mandarinenkernen entgegenstreckte.

»Erkennst du, was das ist?«, fragte der Sultan.

»Mandarinenkerne«, antwortete der Gärtner verwundert.

»Es sind ganz besondere Kerne. Magische Kerne. Wenn daraus Bäume wachsen, werden sie Früchte aus purem Gold tragen«, erklärte der Sultan.

»Wie ist das möglich?«, fragte der Gärtner verblüfft.

»Wenn der Zauber der goldenen Mandarinen wirken soll, müssen die Kerne von einem ehrlichen und anständigen Mann in die Erde gesteckt werden. Sonst verweigern die Golddämonen ihren Dienst. Meine Minister sind mit dieser Aufgabe überfordert. Sie finden, dass du der richtige Fachmann dafür bist!«

Der Gärtner zögerte einen Moment mit der Antwort und sagte dann schnell: »Jawohl, Majestät. Ich kenne mich mit Pflanzen aus. Daher weiß ich, dass der Boden in unserem Schlossgarten für diese Art Früchte nicht geeignet ist!« Es war ihm siedend heiß eingefallen, dass er laufend unehrlich gehandelt hatte, wenn er Früchte aus dem Garten des Sultans auf eigene Rechnung verkaufte. Da war er sicher nicht der Richtige für diese heikle Aufgabe.

»Du hast recht«, sagte der Sultan und blickte nachdenklich auf die sieben Kerne in seiner Hand. »Auf den geeigneten Boden kommt es an. Und ich denke, bei mir sind die Kerne genau auf den richtigen Boden gefallen.«

Er sah seine Wesire und den Hofgärtner traurig an, denn er ahnte den wahren Grund ihrer Ablehnung. Und er verstand die Lehre, die ihm Selim mit den sieben kleinen Kernen erteilt hatte. Und weil er ein kluger Sultan war, handelte er danach.

»So hört«, sagte er, nachdem alle wieder im Audienzsaal versammelt waren. »Dieser Bettler ist ein weiser Mann. Lasst ihm schöne Kleider bringen. Bereitet ihm ein duftendes Bad. Er soll neben mir an meiner Tafel speisen. Danach werde ich ihn zu meinem obersten Berater ernennen.«

Die Leute im Audienzsaal hielten einen Augenblick lang den Atem an. Man hätte eine Stecknadel fallen hören. Und die Klugen unter ihnen verstanden als Erste, was der Sultan damit sagen wollte.

Man führte Selim ins Badehaus. Der Hofschneider brachte eine Auswahl an kostbaren Gewändern. Der Barbier wurde gerufen, um ihm Haare und Bart zu stutzen. Danach war er kaum wiederzuerkennen. Als er in den Spiegel sah, blickte ihm ein stattlicher junger Mann entgegen. Einer, der nicht nur gut aussah, sondern auch Mut und Lebensklugheit besaß, die ihn aus einer schwierigen Situation gerettet hatten.

Von diesem Tag an ging der Sultan sehr sorgfältig bei der Auswahl seiner Berater und Vertrauten vor. Selim, der ehemalige Reisdieb, wurde später Finanzminister und betreute die Staatskasse. Da er ein durch und durch ehrlicher Mann war, mehrte er den Reichtum des Staates von Jahr zu Jahr. Er sorgte auch dafür, dass die Bettler und Armen etwas vom Reichtum abbekamen und dass die Bauern nicht überhöhte Pacht bezahlen mussten. So vermehrte er nicht nur den Staatsschatz, sondern auch den Ruhm des Herrschers, den die Leute ein paar Jahre später nicht mehr Hassan den Prächtigen, sondern Hassan den Gerechten nannten.

So haben die Mandarinenkerne schließlich doch goldene Früchte hervorgebracht, obwohl sich im ganzen Reich auch später nie einer fand, der es gewagt hätte, sie in die Erde zu pflanzen.

Während der Leuchtturmwärter vorliest, haben sich noch mehr Zuhörer in der Gaststube des Lotsenhauses eingefunden.

Auch Kris Andersen, ein Professor aus Dänemark. Ein Stammgast bei Birte Jansen.

»Darf ich auch zuhören, Jo?«, fragt er. »Mir hat schon seit 50 Jahren niemand mehr Geschichten vorgelesen.«

»Ich denke, du bist Professor für Geschichte, Kris?«, sagt Jo und lacht.

»Für Geschichte, leider nicht für Geschichten«, antwortet Kris Andersen.

»Was soll ich denn jetzt bloß vorlesen, wenn auch noch ein Professor zuhört?«, grübelt Jo.

»Lies uns doch bitte, bitte die Geschichte von dem fliegenden Teppich aus meinem Märchenbuch vor«, schlägt Selina vor. »Es ist meine Lieblingsgeschichte. Die gefällt ihm bestimmt auch.«

Sie gibt Jo das Buch, das sie mitgebracht hat. Auf dem Titelbild sieht man drei verwegene Gestalten, die auf einem Teppich durch die Luft fliegen.

»Na gut«, meint Jo. »Dann sind wir allerdings wieder bei Geistergeschichten gelandet. Die drei auf dem Teppich sind nämlich Dschinns. So nennt man die Geister im Orient.«

»Ich weiß«, sagt Selina. »Ich kenne viele Geschichten von Dschinns.«

»Sind Dschinns gefährlich?«, fragt Julia bang.

»Manchmal schon. Aber in meiner Geschichte nicht«, versichert Selina. »Da musst du keine Angst haben.«

»Na gut«, sagt Jo. »Dann setzen wir uns in Gedanken auf den fliegenden Geschichten-Teppich. Seid ihr abflugbereit? Die Reise geht zuerst ins ferne Bagdad.«

Geisterstunde
im Basar

Im Basar von Bagdad hockten einmal ein Flaschengeist, ein Lampengeist und ein Teppichgeist nebeneinander. Sie rauchten Wasserpfeife und tranken Kokosmilch mit Orangenblüten.

»Die Welt hat sich verändert«, seufzte der Lampengeist. »Die Leute glauben nicht mehr an Märchen. Mein Öl ist verbraucht. Meine Lampe ist erloschen. Ich denke oft an die guten alten Zeiten, als ich noch der Dschinn in Aladins Lampe war.«

»Ach, hör doch auf mit den uralten Geschichten«, brummte der Flaschengeist. »Vergiss nicht, was die 40 Räuber damals mit Ali Babas Bruder angestellt haben. Das war ganz und gar nicht märchenhaft.«

»Trotzdem war früher manches besser«, meldete sich der Teppichgeist zu Wort. »Da gab es noch fliegende Teppiche!«

»Stimmt es, dass nur die Teppiche fliegen, die von Mädchen geknüpft werden, die nie gelogen haben?«, wollte der Lampengeist wissen.

»So ist es.« Der Teppichgeist nickte. »Und das kommt in 1001 Jahren nur einmal vor.«

»Vielleicht kann ich dir zu einem solchen Teppich verhelfen«, überlegte der Lampengeist. »Was kriege ich dafür?«

»Ich hole dir so viel Zauberöl von einem Magier aus Isfahan, dass du deine Lampe Tag und Nacht leuchten lassen kannst«, versprach der Teppichgeist.

»Ich trauere der alten Zeit nicht nach«, blubberte der Flaschengeist. »Ich will nie mehr in meine Flasche zurück. Ich bin froh über meine Freiheit.«

»Los, komm! Zeig mir das Mädchen, das noch nie gelogen hat!«, rief der Teppichgeist ungeduldig. »Ich möchte den fliegenden Teppich haben!«

»Geduld, mein Freund! Wenn die Pfeife zu Ende ist«, sagte der Lampengeist.

Um Mitternacht machten sich die drei Dschinns auf den Weg. Mitternacht ist die magische Reisezeit für Geister.

»Wie sieht es denn aus, das Mädchen, das noch nie gelogen hat?«, erkundigte sich der Teppichgeist unterwegs. »Wo lebt sie?«

»Sie ist hübsch und sehr scheu. Sie lebt in einem kleinen Dorf.«

Mehr wollte der Lampengeist vorerst nicht verraten.

Nach einer Luftreise von einer halbe Stunde lag ein winziges Dorf mit Lehmhütten unter ihnen. Ein Bach rann durch eine schmale Wiese, auf der ein paar Obstbäume standen. Das war alles. Sie landeten auf dem Dorfplatz, der um Mitternacht menschenleer war. Ein Hirtenhund bellte, als sie um die Häuser schlichen. Irgendwo wieherte ein Esel.

»In der kleinen Hütte dort wohnt sie und da ist auch der Teppich!«, flüsterte der Flaschengeist. »Sie hat jahrelang jeden Tag viele Stunden daran geknüpft.«

Es war eine heiße Nacht und die Fensterläden standen weit offen. Die drei Dschinns schwebten in die ärmliche Hütte hinein. Das Mädchen lag auf einer Strohmatte und schlief.

»Wir können ihr den Teppich doch nicht einfach wegnehmen!«, raunte der Flaschengeist empört. »Da wären wir nicht besser als die Räuber in Ali Babas Geschichte!«

»Keine Angst! Ich werde das Mädchen reich belohnen«, versprach der Dschinn aus der Lampe. »Wenn ich erst wieder Öl habe!«

»Erst müssen wir die Teppich-Flugprobe machen«, sagte der Teppichgeist. »Wer weiß, ob sie wirklich nie gelogen hat. Weshalb bist du da so sicher?«

»Das arme Kind ist taub und stumm. Es kann nicht reden und nicht hören«, sagte der Lampengeist und sah voller Mitleid auf das friedlich schlummernde Kind.

Vorsichtig löste er den Teppich aus dem Webrahmen, legte ihn auf den Boden und murmelte einen Flugzauber. Langsam hob sich der Teppich in die Höhe.

»Tatsächlich! Er fliegt!«, rief der Teppichgeist aufgeregt. »Kommt mit! Steigt auf! Wir holen das Lampenöl und dann fliegen wir zu Ali Babas Schatzhöhle und holen Goldstücke, um für den Teppich zu bezahlen!«

Der Lampengeist schwang sich mit einem Klimmzug auf den Teppich.

»Ich bleibe lieber hier und passe auf das Mädchen auf!«, rief der Flaschengeist. »Und wehe, ihr kommt nicht schnellstens zurück!«

»Wir beeilen uns!«, versprach der Teppichgeist und schon schwebten die beiden lautlos in die klare Sommernacht.

Minute um Minute verstrich. Der Flaschengeist stellte die kleine Sanduhr vor sich hin, an der er ablesen konnte, wann die Geisterstunde vorbei war.

Der Sand war schon fast vollständig in das untere Gefäß gelaufen, da kamen die beiden Teppichpiloten endlich zurück.

»Es hat ein bisschen gedauert, bis uns der richtige Zauberspruch einfiel, um die Höhle zu öffnen«, entschuldigte sich der Lampengeist.

»Aber dann hat es geklappt!«, rief der Teppichgeist lachend und schüttelte einen Beutel mit Goldstücken neben dem Mädchen aus.

In diesem Augenblick erwachte das Kind. Es sah die drei Geister, riss erschrocken Mund und Augen auf und begann laut zu schreien. Der Teppichgeist deutete auf das Gold. Da schrie sie noch mehr.

»Psst! Du weckst ja das ganze Dorf!«, rief der Flaschengeist entsetzt und versuchte ihr den Mund zuzuhalten.

»Ich kann schreien! Ich kann schreien!«, rief das Mädchen. Tränen liefen aus ihren Augen. Aber es waren Tränen des Glücks.

Jetzt kamen ihre Eltern, ihre Geschwister und ihre Verwandten angelaufen.

»Ein Wunder ist geschehen! Sie kann reden, sie kann hören!«, riefen alle durcheinander. »Und woher kommt das viele Gold?«

»Da sind meine Wohltäter!«, sagte das Mädchen. Sie deutete auf den Fleck, auf dem eben noch die drei Geister gestanden hatten. Dann lief sie aus der Hütte und sah in den Himmel.

»Nein, da fliegen sie jetzt!«, rief sie aufgeregt und zeigte in den Himmel.

Jetzt sahen auch die anderen den kleinen, rechteckigen Wolkenteppich, der über den Hütten des Dorfes davonschwebte.

»Ich möchte zu gern einmal auf einem fliegenden Teppich von Bagdad nach Isfahan fliegen«, sagt Selina. »Ich bin nämlich in einer kleinen Stadt in der Nähe von Isfahan geboren.«

»Isfahan ist eine schöne Stadt mit wunderschönen, alten Moscheen und Palästen«, bestätigt Selinas Mutter. »Mein Bruder Ali wohnt dort. Aber er hat leider keinen fliegenden Teppich, nur ein normales Auto.«

»Und wenn Onkel Ali uns besucht, kommt er mit dem Flugzeug«, fügt Selina hinzu. »Denn Isfahan ist ganz weit weg von hier.«

Die Ferientage im Hotel Zum Lotsenhaus vergehen viel zu schnell. Es werden nicht nur Geschichten vorgelesen, sondern auch gemeinsame Ausflüge gemacht. Zu den Halligen und den Seehundbänken. Und eine Piratenfahrt auf einem alten Fischkutter. Für den Abschiedsabend haben sich Jo und Birte eine musikalische Überraschung ausgedacht. Sie haben Rabbi Jakob eingeladen. Er wohnt auf der Nachbarinsel und ist Konzertgeiger.

»Jakob ist ein alter Schulfreund von Jo. Er gibt für uns jedes Jahr ein kleines Sommerkonzert. Morgen ist es wieder so weit. Dazu sind alle Hotelgäste herzlich eingeladen!«, verkündet Birte Jansen ihren Gästen beim Frühstück.

Es sind fröhliche Lieder, die Jos Freund Jakob am nächsten Tag zum Abschied auf seiner Geige spielt. Kinderlieder und Seemannslieder sind auch dabei.

Die Klänge verzaubern alle Gäste, so wie die Geschichten von Jo sie in ihren Bann geschlagen haben.

»Manchmal gibt es Sternstunden im Leben«, sagt Birte Jansen, als sie sich nach dem Konzert bei Jakob bedankt. »Und ich finde, das heute ist eine solche Sternstunde. Vor einiger Zeit kannten wir uns noch nicht und jetzt sind wir Freunde, die gemeinsam Jos Geschichten und Jakobs Musik gehört haben. Das ist selten geworden in unserer Welt, in der viele abends nur den Fernseher einschalten und vor lauter Fernsehen das ›Nahsehen‹ vergessen.«

Nun meldet sich Kris Andersen zu Wort und sagt: »Einer eurer berühmten deutschen Philosophen hat einmal gesagt: Fremde sind vielleicht Freunde, die wir heut noch nicht kennen!«

»Ein kluger Satz«, sagt Birte. »Und er stimmt: Als du vor vielen Jahren das erste Mal bei uns warst, warst du ein Fremder. Und jetzt sind wir befreundet.«

Jo hat die ganze Zeit in seinem Bücherturm nach einer ganz bestimmten Geschichte gesucht. Jetzt hat er sie gefunden.

Er schlägt das Buch auf, rückt die Lesebrille auf der Nase zurecht und sagt: »Das ist jetzt meine letzte Geschichte. Ihr müsst mich dabei auf einer Zeitreise begleiten, Freunde. Wir fliegen auf einem Geschichtenteppich mehr als dreitausend Kilometer nach Südosten, ins ferne Jerusalem. Dort landen wir im Jahr 1187 auf der Dachterrasse des Palastes von Sultan Saladin. Bitte haltet euch fest, schließt die Augen und spitzt die Ohren ...«

Und dann liest Jo für die ganze bunt gemischte Zuhörerschar die berühmte Geschichte von Nathan dem Weisen und der Ringparabel vor.

Der magische Ring

Sultan Saladin saß mit seiner Lieblingsfrau Halima auf der Dachterrasse des Palastes in Jerusalem und spielte Schach.

»Das Spiel ist verloren«, gestand der Sultan schließlich und legte den König aufs Schachbrett.

»Ich weiß«, lächelte Halima. »Schachmatt.«

»Nicht nur dieses Spiel«, antwortete der Sultan. »Auch der Krieg.«

»Aber du hast doch gesiegt und die Stadt Jerusalem von den Tempelrittern zurückerobert«, entgegnete Halima verwundert.

Der Sultan lachte bitter. »Es war ein teurer Sieg. Der Staat ist pleite. Ich habe kein Geld mehr, um alles aufbauen zu lassen, was zerstört worden ist.«

»Im Krieg verlieren immer beide Seiten. Auch die Sieger«, seufzte Halima. »Wenn ich an die vielen Menschen denke, die sterben mussten. Auch viele unserer Freunde. Die lassen sich nicht wiederherstellen, wie Häuser, Stadtmauern und Paläste.«

Der Sultan erhob sich und sah zum Hafen hinunter, in dem reges Treiben herrschte. Die Nachmittagssonne blendete ihn. Er legte die rechte Hand schützend über die Augen und beobachtete interessiert das große Handelsschiff, das jetzt in den Hafen einlief.

»Nathans Schiff«, murmelte der Sultan überrascht. »Er war weit weg in Indien und China, während hier der Kampf tobte, und jetzt kehrt der tüchtige Händler zurück. Unversehrt und mit reicher Fracht. Beneidenswert.«

»Vielleicht kann er dir aus der Finanzklemme helfen?«, schlug Halima vor. »Er ist doch dein Freund, oder nicht? Du wärst nicht der erste König, der sich Geld von reichen Kaufleuten leiht.«

»Nathan ist nicht nur reicher als ich ...«, erwiderte der Sultan.

»Jaja, sprich es aus: Er ist auch klüger als du, weil er sich nicht in Streit und Krieg verwickeln lässt. Man nennt ihn nicht ohne Grund Nathan den Weisen«, rief Halima erregt.

»Was verstehst du schon von Staatsgeschäften?«, knurrte der Sultan und drehte verärgert an seinen Bartspitzen.

»So bitte ihn wenigstens um seinen Rat, wenn du ihn nicht anpumpen möchtest«, schlug Halima vor, während sie die Schachfiguren in die mit rotem Samt ausgekleidete Schatulle zurücklegte. »Guter Rat ist zwar teuer. Aber den kriegst du als Freund bestimmt umsonst von ihm.«

Der Sultan musste Nathan gar nicht rufen. Er kam von selbst in den Palast, um dem alten Freund von seiner erfolgreichen Handelsreise zu berichten. Zwei Wächter geleiteten ihn auf die Dachterrasse.

»Der Kampf ist vorbei. Du bist zurück in Jerusalem. Herzlichen Glückwunsch!«, rief Nathan und überreichte dem Sultan sein Gastgeschenk: ein Kästchen mit indischem Tee und kostbaren Gewürzen.

»Ja, es war ein wichtiger Sieg. Aber ich fürchte, der Krieg der Religionen wird weitergehen. Sieh uns doch an: Ich bin Moslem, meine Halima wurde als Christin geboren und du bist Jude. Als Menschen verstehen wir uns und sind Freunde. Aber im Krieg wird die Religion zum Verbündeten von gegnerischen Parteien. Eine Frage treibt mich seit langer Zeit um: Kannst du mir sagen, welche Religion die richtige ist?«

»Eine schwere Frage«, antwortete Nathan nachdenklich. »Hält nicht jeder den Glauben seiner Väter für den einzig wahren?«

Der Sultan lachte bitter. »Während wir im Feldlager waren, beteten wir jeden Tag für den Sieg. Und unsere Feinde taten das Gleiche. Dabei glauben wir doch alle an denselben Gott, oder nicht?«

»So ist es«, bestätigte Nathan. »Wenn es einen Weltenschöpfer, einen allmächtigen Gott gibt, dann kann es nur einen geben. Für Juden, Moslems und Christen ist es der Gott, an den schon Abraham glaubte.«

»Warum verkündet man das nicht jeden Morgen und jeden Abend laut mit Trommeln und Trompeten von allen Mauern und Türmen der Stadt?«, rief Halima aufgebracht. »Warum müssen so viele Menschen sterben? Uns vereint doch mehr, als uns trennt. Was uns trennt, ist die Art, wie wir beten, fasten, essen oder Feiertage begehen. Rechtfertigt das einen Krieg?«

»Natürlich nicht«, antwortete Nathan leise. »Es sind drei unterschiedliche Wege zum gleichen Ziel.«

»Du hast meine Frage noch nicht beantwortet. Aber ich denke, ich muss sie umformulieren: Welcher der drei Wege zu Gott ist der richtige?«, wendete sich der Sultan wieder an Nathan.

Nathan dachte eine Weile nach. Sein Blick fiel auf den kostbaren Ring, den der Sultan am zweiten Finger der linken Hand trug, und er sagte dann: »Vielleicht kann man es am besten mit der alten Parabel von den drei Ringen erklären, die man mir vor einiger Zeit in Indien erzählt hat.«

»Du wirst das Problem nicht mit Geschichten lösen«, seufzte der Sultan. »Dazu ist es zu kompliziert.«

»Hört doch erst mal zu«, bat Nathan den Sultan. »Manchmal erklärt man komplizierte Dinge einfach am besten. Und in alten Fabeln und Parabeln steckt viel Weisheit.«

»Bitte erzähl«, drängte Halima und machte es sich auf ihrem Sitzkissen bequem. »Ich liebe kluge Geschichten.«

Nathan ließ sich nicht lange bitten und begann:

»Im fernen Rajastan lebte einmal ein Maharadscha, der besaß den kostbarsten Ring der Welt. Kostbar war er nicht nur durch sein reines Gold und die Edelsteine, mit denen er besetzt war, sondern durch seine magischen Fähigkeiten. Derjenige, der den Ring trug, wurde nämlich gerecht und durch seine guten Charaktereigenschaften bei jedermann beliebt. Ehe der Fürst starb, vererbte er den Ring an seinen Lieblingssohn, weil er ihn meisten liebte und ihn für den besten Nachfolger hielt. Als er ihm den Ring an den Finger steckte, bat er ihn das Gleiche – später einmal – mit seinem Lieblingssohn zu machen. So wurde viele Hundert Jahre lang der Ring von Generation zu Generation vererbt. Aber dann gab es ein Problem. Ein Fürst hatte drei Söhne, die er alle gleichermaßen liebte. Als er fühlte, dass sein Ende nahte, wusste er nicht, welchem der drei Söhne er den Ring und die Verantwortung für das Familienerbe übergeben sollte. Da rief er einen Goldschmied und bat ihn zwei genau gleich aussehende Ringe zu fertigen. Das gelang dem Goldschmied so gut, dass der Vater am Ende selbst nicht mehr wusste, welches der richtige Ring und welches die Kopie war. Schließlich rief er seine drei Söhne – einen nach dem anderen – an sein Krankenlager und übergab ihnen den Ring, dessen Bedeutung ihnen natürlich von Kindheit an vertraut war. Jeder der Söhne versprach den Ring in Ehren zu halten und danach zu leben. Und jeder glaubte, er habe den echten Ring.

Nachdem der Vater gestorben war, stellten die drei Söhne überrascht fest, dass jeder von ihnen einen Ring am Finger trug, der dem der beiden anderen Brüder zum Verwechseln ähnlich sah. Da stritten sie miteinander, wer nun den echten Ring hatte und deshalb das Familienoberhaupt und damit der Erste unter ihnen sein sollte.

Sie gingen zu einem Goldschmied. Aber auch der konnte die drei Ringe nicht unterscheiden. Da beschlossen die drei Söhne einen Richter aufzusuchen, der für seine Weisheit bekannt war. Vielleicht konnte der ihren Streit schlichten?

Der Kadi hörte sich die ganze Geschichte an und sagte dann: ›Äußerlich sehen alle Ringe gleich aus. Aber nur einer kann die magische Kraft des echten Ringes haben. Wenn ich recht verstanden habe, besitzt der echte Ring die Zauberkraft, den Besitzer gerecht und bei jedermann beliebt zu machen? Nun, dann gibt es einen einfachen Weg, das schnell herauszufinden: Derjenige von euch, der bei den beiden anderen am beliebtesten ist, der hat den echten Ring.‹

Die Brüder sahen sich eine Weile schweigend an. Aber keiner sagte, dass er einen von den beiden anderen lieber mochte.

›Ihr schweigt?‹, sagte der Kadi und runzelte die Stirn. ›Bedeutet das, dass ihr euch selbst am meisten liebt? Dann sind vielleicht alle drei Ringe nicht echt? Vielleicht ging der echte Ring verloren und euer Vater hat neue anfertigen lassen, um den Verlust zu ersetzen. Ich kann euch daher im Moment keinen Richterspruch mit auf den Weg geben. Nur einen Rat: Wenn jeder von euch einen Ring vom Vater bekommen hat, so vielleicht deswegen, weil er euch alle drei gleich geliebt hat. Und weil er nicht wollte, dass ein Ring eure Charaktereigenschaften bestimmt, sondern ihr selbst.‹

›Und was sollen wir jetzt tun?‹, fragte der Älteste der Söhne.

›Strebt danach, die Kraft eures Ringes, von dem ihr denkt, dass es der echte ist, wirksam werden zu lassen.‹

›Und wie können wir die Kräfte wecken?‹, fragte der zweitälteste Sohn.

›Bringt euren Ring zum Glänzen!‹

›Aber wie?‹, erkundigte sich der dritte Sohn.

›Begegnet euren Mitmenschen mit Liebe und Respekt, mit Herzlichkeit und guten Taten. Denkt nicht nur an euren Vorteil, sondern auch an das Wohlergehen der anderen. Geht mit euren Freunden und Nachbarn so um, wie ihr möchtet, dass sie mit euch umgehen. Wenn ihr eure Nächsten liebt und nicht nur euch selbst, dann werden auch sie euch mit Liebe begegnen. Gebt diese Regeln mit dem Ring an eure Kinder weiter. Dann wird am Ende der Tage ein weiserer Richter auf diesem Richterstuhl sitzen und das Urteil sprechen.‹

Nachdem Nathan mit seiner Geschichte zu Ende war, erhob sich der Sultan und sagte: »Ich habe die Fabel verstanden, lieber Nathan. Und ich hoffe, dass ich zumindest einen Teil der darin enthaltenen Lebensweisheit umsetzen kann.«

»Das ist ein kluger Vorsatz«, antwortete Nathan. »Und was die Religionen betrifft, so wird sich am Ende der Tage zeigen, welcher Ring am meisten glänzt.«

»Du meinst, wer am meisten liebt, und nicht wer am meisten hetzt und hasst, der geht den richtigen Weg?«, fragte Halima.

»Genau. Und führt keinen Krieg im Namen der Religion. Das wird immer nur vorgeschoben. Es geht dabei stets um politische Macht. Religion findet im Herzen statt und nicht auf dem Schlachtfeld.«

Nathan legte die Hand aufs Herz und verabschiedete sich mit einer kleinen Verbeugung von dem Sultan. Und als er schon fast am Kopf der Treppe angelangt war, die in den Palastgarten hinunterführte, drehte er sich um und rief: »Übrigens: Ich bin mit so vielen Gütern gesegnet von meiner Reise zurückgekehrt, dass ich sie gern mit anderen teilen möchte. Sendet mir eine Liste von den Bedürftigen der Stadt, damit ich helfen kann, wo die Not am größten ist.«

Nachdem Nathan gegangen war, sah der Sultan nachdenklich auf seinen kostbaren Ring und sagte zu Halima: »Nathans Ring glänzt. Obwohl er keinen trägt.«

»Ich habe die alte Parabel verstanden«, sagte Halima und schaute zum Hafen hinunter, wo jetzt – nach langen Kriegsjahren – endlich Schiffe aus verschiedenen Ländern wieder friedlich nebeneinander an der Kaimauer lagen.

Der Leuchtturmwärter legt das alte Buch beiseite und sieht in die Runde.

»Halima sagt, sie hat die Parabel verstanden. Was ist eine Parabel?«, fragt Leo.

»Eine Parabel ist eine Geschichte mit tieferem Sinn. Eine Geschichte, über die man viel nachdenken kann«, erklärt Jo.

»Parabel ist ein schweres Wort«, seufzt Leo. »Noch schwerer als Flaute. Aber ich werde es mir merken.«

»Wir haben gerade Nathan der Weise als Theaterstück gesehen«, berichten die beiden Holländerinnen. »Da spielt die Ringparabel eine große Rolle.«

»Ich mag die Ringparabel besonders«, sagt Rabbi Jakob. »Jeder müsste sie kennen. Sie zeigt, dass es auf den einzelnen Menschen ankommt und auf das, was er aus seinem Leben macht.« Danach spielt er sich in die Herzen der Gäste mit seiner Musik und beweist, dass Musik eine Sprache ist, die alle verstehen. Auch ohne Worte.

»Wie schade, dass wir morgen abreisen müssen!«, sagt Leo zu seiner Mama, als sie ins Bett gehen.

Drunten vor dem Lotsenhaus spielt Rabbi Jakob noch ein Gute-Nacht-Lied für alle. Als er aufhört, übernimmt das leise Rauschen des Meeres in der Ferne die Nachtmusik. Der Abschied vom Lotsenhaus fällt nicht nur Leo schwer!

»Es waren tolle Ferien und spannende Geschichten«, sagt Selina am nächsten Morgen beim Frühstück. »Wie wär's, wenn wir uns alle im nächsten Jahr beim Bücherturm wiedertreffen?«

»Gute Idee! Ihr seid alle herzlich willkommen!«, sagt Birte Jansen.

Jo bringt Leo und seine Mama zum Fährschiff.

»In einem Jahr kommen wir wieder!«, verspricht Leos Mama. »Allerdings zu dritt.«

»Und dann steigen wir beide wieder 196 Stufen hoch auf den Bücherturm. Während Mama unten bei Birte auf unser Baby aufpasst, lese ich dir oben Geschichten vor, denn bis dahin kann ich bestimmt lesen!«

Ursel Scheffler wurde 1938 in Nürnberg geboren, studierte Sprachen und Literatur in München und schrieb ihre Magisterarbeit über das Französische Märchen. Sie heiratete 1960. Drei neugierige Kinder machten bald aus der leidenschaftlichen Leserin eine Geschichtenerfinderin. Ihre zahlreichen Kinderbücher erscheinen seitdem in bekannten deutschen und ausländischen Verlagen. Ihre weiteste Lesereise führte nach China, wo sich u.a. Kommissar Kugelblitz großer Beliebtheit erfreut.

Ursel Scheffler lebt heute mit ihrem Mann Eberhard Scheffler (der auch Bücher schreibt, allerdings für große Leute!) in Hamburg. Dort rief sie am 11.11.2011 das inzwischen über die Landesgrenzen hinaus erfolgreiche Projekt »Büchertürme« ins Leben, bei dem Kinder um die Wette lesen.

Mehr über die Büchertürme: *www.büchertürme.de*

Mchr übcr dic Autorin: *www.scheffler-web.de*

Dorothea Ackroyd, geb. 1960 in Herford, studierte an der FH Bielefeld Kommunikationsdesign. Seit 1990 ist sie als freischaffende Illustratorin tätig und hat seitdem 119 Bücher veröffentlicht, die zum Teil in 11 Sprachen übersetzt wurden. Sie lebt mit ihrer Familie auf der Sonnenseite des Teutoburger Waldes.